BTL광고에
크리에이티브라고?

나남
nanam

천현숙 ideatruck1@naver.com

1966 경북 안동에서 태어나 별 볼일 있는 삶을 시작하다
1976 담임선생님의 칭찬에 용기백배해 시인을 꿈꾸다
1984 고려대학교 중앙도서관에서 잡지를 뒤적이다가 광고를 만나다
1988~2006 카피라이터와 크리에이티브 디렉터로 일하며 젊음을 불태우다
2006 중앙대학교 대학원에서 박사학위를 받고 하늘을 날 듯하다
2007 세명대학교 광고홍보학과 교수가 되어 용두산 아래 깃들다
2008 《광고 크리에이티브의 원리와 공식》을 쓰다
2009 《카피라이팅의 원리와 공식》을 쓰다
2010 《광고 글쓰기 idea 73》, 《광고카피의 이론과 실제》(공저)를 쓰다
2012 《검색광고마케터 1, 2》를 쓰다

나남신서 1599

BTL광고에 크리에이티브라고?

2011년 10월 10일 발행
2014년 11월 25일 2쇄

지은이_ 천현숙
발행자_ 趙相浩
발행처_ (주) 나남
주소_ 413-120 경기도 파주시 회동길 193
전화_ (031) 955-4601 (代)
FAX_ (031) 955-4555
등록_ 제 1-71호 (1979. 5. 12)
홈페이지_ http://www.nanam.net
전자우편_ post@nanam.net

ISBN 978-89-300-8599-1
ISBN 978-89-300-8001-9 (세트)

책값은 뒤표지에 있습니다.

BTL광고에 크리에이티브라고?

천현숙 지음

나남
nanam

BTL이 기가 막혀!

같은 동네에 살지만 워낙 비리비리하고 평소에 시시한 짓만 하고 돌아다녀서 별거 아니라고 무시했던 애들이 갑자기 유명해지고 돈 많이 번다고 폼을 있는 대로 잡고 다녀서 한편으론 기가 막히고 한편으론 약이 슬슬 오르는 심정. 내가 어쩌다 이 꼴을 보게 되었지? 하는 허탈한 심정. 아마도 ATL이 사람이라면 지금 느끼고 있을 심정일 것이다.

그 별거 아닌 시시한 애들이 바로 BTL이다. 시시하다고 무시했던 그 '짓'들이 어느새 각광을 받는 시대의 조류가 되어 버렸다. 그렇다면 그 '짓'들이 도대체 뭐길래 이 난리인지 한 번 제대로 따져보고, 기왕지사 그게 대세라면 좀더 업그레이드해서 누가 해도 폼 나는 '짓'이 될 수 있게 하는 방법을 한 번 쯤 고민해봐야 하지 않을까?

뭐, BTL에 크리에이티브라고? 하며 눈을 치뜨고 흥분할 일이 아니라 부족해보이기만 하는 BTL에 멋진 크리에이티브의 옷을 입힐 방법을 고민해보자. 혹시 아는가? 시크릿가든의 김주원과 길라임처럼 운명을 확~ 뒤바꿔놓을 사건이 이 바닥에 생길지!

토끼해 여름 밤

천 현 숙

BTL광고에 크리에이티브라고?

차례

도대체
BTL이
뭐야?

BTL을 한마디로 정의하기란 참 곤란합니다. BTL은 PR(*public relations*)이나 SP(*sales promotion*)처럼 말 속에 의미를 담고 있는 용어가 아니기 때문입니다. BTL은 학술적인 용어도 아니고 새로운 이론도 아닙니다. 다만 광고 현업에서 관리 차원으로 쓰이는 용어입니다.

*Below-the-line promotion*의 저자 존 윌름스허스트(John Wilmshurst)에 따르면 광고대행사들이 광고주에 청구서를 발행할 때 매체사에서 받는 커미션(*commission*)[1]이 포함되는 것들을 청구서 윗부분에 기재하고 매체사 커미션 없이 광고 제작 서비스에 대한 요금(*fee*)만 받는 것들을 청구서 아랫부분에 기재했기 때문에, 윗부분에 있는 것들을 ATL(*above the line*), 아랫부분에 있는 것들을 BTL(*below the line*)이라 부르게 되었다고 합니다.[2]

WPP그룹의 프로모션 전문회사 PCG(Promotional Campaigns Group)의 라디슬라프 파틱(Ladislav Patik)은 ATL과 BTL을 다음과 같이 정의했습니다.[3]

> ATL은 마케팅 커뮤니케이션 활동 중 비대면적 커뮤니케이션 활동으로 TV, 인쇄, 라디오, 옥외 등 전통적 미디어를 활용한다. 따라서 광고대행사와 매체대행사는 ATL에 집중한다. BTL은 대면 커뮤니케이션 활동으로 판매 지원, 유통 지원, 샘플링 등과 같이 미디어를 통하지 않는 프로모션이다.

단, 우리나라는 옥외가 전통적 미디어로 제대로 자리매김하지 못했기 때문에 ATL의 영역에 포함되지 않고 BTL의 영역에 포함됩니다.[4]

라디슬라프 파틱은 또한 BTL을 〈그림 1-1〉과 같이 구체적으로 분류했습니다.[5] 여기에 로스 로이 커뮤니케이션(Ross Roy communication)의 리처드 워

---

1 거래가 성립되도록 중개하여 보수로서 받는 일정한 수수료.

2 Wilmshurst, John(1993), *Below-The-Line Promotion*, Butterworth-Heinemann.

3 Patik, Ladislav, *Below the line Communication Tutorial*, www.ogilvy.com.

4 조병량 · 천현숙 외(2010), 《광고 카피의 이론과 실제》, 나남.

드(Richard C. Ward)는 프리미엄(*premiums*), 할인/리베이트(*discount/ rebates*), 경품(*sweepstakes*), 교육 세미나(*training seminars*), 세일즈 보조 도구(*sales aids*), 박람회(*trade shows*) 등을 더했습니다.

캘리포니아 대학의 토니 미나간(Tony Meenaghan, 1994)은 BTL에 PPL(*product placement*), 기사식 광고(*advertorial*), 상호작용 미디어 등도 포함시켰습니다. 토니 미나간은 많은 새로운 커뮤니케이션적 접근들이 BTL의 세부적인 요소를 구성한다고 강조했습니다. 6

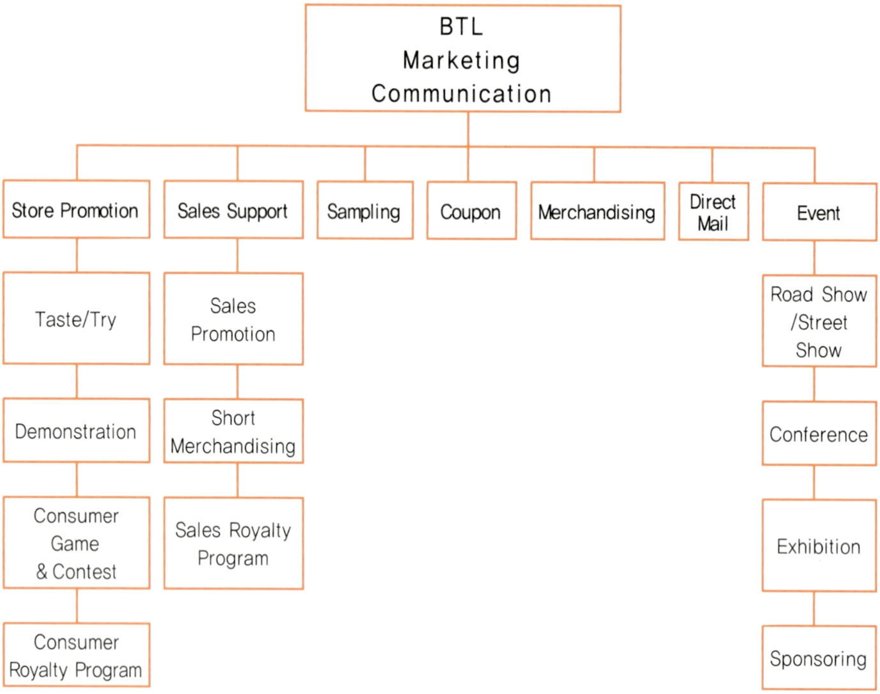

그림 1-1 Patik BTL 분류. 자료: ogilvy.com

5 Patik, Ladislav, op. cit.

6 Meenaghan, Tony.(1994). "Point of View: Ambush Marketing: Immoral or Imaginative Practice?", *Journal of Advertising Research* 34(5), pp.77~88.

또한 미국마케팅협회(American Marketing Association)는 PR(*public relations*), 엔터테인먼트 마케팅(*entertainment marketing*), 디자인(*design*), 에스닉 마케팅(*ethnic marketing*), 브랜드 컨설턴트(*brand consultant*) 등도 BTL의 영역에 포함시켰습니다.

결론적으로 말하면, 기업의 마케팅 커뮤니케이션 활동 중에서 TV, 신문, 잡지, 라디오 등의 이른바 4대 매체 광고를 제외한 모든 프로모션을 BTL이라 할 수 있습니다.[7]

현재 규모 면에서는 거의 매스미디어에 가깝지만 그에 합당한 대접을 받지 못하고 있는 인터넷광고까지도 BTL에 포함되며, 앞으로 등장할 새로운 형태의 뉴미디어 광고도 모두 BTL의 영역에 포함됩니다.

---

7 조병량 · 천현숙 외(2010), 앞의 책.

용어설명

sponsoring	스폰서십. 마케팅 전략 차원에서 사회의 다른 분야에 재원을 제공하는 것.
premiums	프리미엄. 공짜 선물.
discount/rebates	할인/리베이트. 할인은 금액을 깎아주는 것, 리베이트는 지불된 금액의 일부를 되돌려주는 것.
sweepstakes	경품, 복권.
training seminars	교육 세미나. 영업사원을 교육시키는 것.
sales aids	세일즈 보조 도구.
trade shows	박람회.
product placement	PPL. 영화나 드라마 등에서 특정 제품을 노출시켜 광고효과를 노리는 간접 광고.
advertorial	기사식 광고. 광고(*advertisement*)와 편집기사(*editorial*)의 합성어로, 신문이나 잡지에서 언뜻 보기에 편집 기사처럼 만들어진 논설, 사설 형식의 광고. 기사식 광고라고도 함.
public relations	PR. 기업 혹은 단체가 공중의 이해와 협력을 얻기 위해 커뮤니케이션 수단을 이용해 설득하는 것.
entertainment marketing	엔터테인먼트 마케팅. 영화, 음악, 공연, 애니메이션 등 엔터테인먼트 요소를 마케팅에 복합적으로 활용하는 것.
ethnic marketing	에스닉 마케팅. 문화, 언어, 생활습관, 음식 면에서 다양한 취향을 가진 대중들에게 소구하는 마케팅 전략.
brand consultant	브랜드 컨설턴트. 브랜드의 개념을 수립하거나 브랜드가 가진 문제점과 개선점을 찾아내는 일
in-store promotion	인스토어 프로모션. 매장 안에서 진행하는 판촉 활동. 매장 외부에서 진행하는 것은 아웃 스토어(*out store*) 프로모션이라고 함.
store promotion	매장 프로모션. 매장에서 행해지는 판촉 행위.

taste/try　시식/시음. 제품을 직접 맛보거나 사용해보는 것.

demonstration　시연. 제품을 직접 시연해 보이는 것.

consumer game & contest　게임 & 콘테스트. 소비자를 상대로 게임을 하거나 간단한 경연을 하여 경품을 제공하는 것.

consumer royalty program　소비자 보상 프로그램. 지속적인 제품 사용을 유도하기 위한 소비자 보상 프로그램.

sales support　판매 지원.

sales promotion　판매 촉진. 단기적인 인센티브로 판매를 촉진하는 것.

short merchandising　단기 머천다이징. 상품의 가격, 분량, 판매 방법 따위를 계획하는 것.

sales royalty program　유통 보상 프로그램. 제품 판매를 끌어올리기 위한 유통업자 보상 프로그램.

sampling　샘플. 제품을 체험해 볼 수 있는 견본품을 통한 프로모션.

coupon　쿠폰. 우대권이나 경품 교환권을 제공해서 지속적 방문을 유도하는 프로그램.

merchandising　머천다이징. 시장 조사에 의거하여 수요 내용에 적합한 상품을 알맞은 시기와 장소에서 적정 가격으로 유통시키기 위한 정책.

direct mail　직접 우편. 소비자에게 직접 우송하는 우편물 형태의 광고.

event　이벤트. 뚜렷한 목적을 가지고 사람들을 모아놓고 개최하는 사건 또는 행사.

road show/street show　로드쇼. 기업의 순회 홍보 행사.

conference　컨퍼런스. 관련 이슈를 논의하기 위한 이벤트.

exhibition　전시.

뭐,

BTL이

대세

라고?

미국, 유럽 등지에서는 1980년대부터 이미 BTL이라는 용어를 사용했습니다. BTL 회사를 표방하는 미국, 유럽 회사들의 업무영역은 주로 인스토어 프로모션(*in-store promotion*), 로드쇼, 샘플링, 쿠폰, 다이렉트 마케팅, 스폰서십, 이벤트, PR 등이었습니다.[1]

우리나라에서는 1988년 서울 올림픽을 계기로 광고대행사 내에 프로모션 부서가 생기기 시작했습니다. 그러나 당시 프로모션 부서는 주로 프레젠테이션의 구색을 맞추기 위해서 혹은 광고주 서비스 차원에서 옥외광고, 전시, 이벤트 등의 한정적인 업무를 했을 뿐입니다.

1990년대에 들어와 엑스포 등 대형 국제행사들이 국내에서 개최되면서 프로모션 부서의 업무영역이 확장되기 시작했습니다. PR, 스포츠 마케팅, 스폰서십, 문화 마케팅 등 다양한 프로모션이 이때부터 시도되었습니다. 특히 1990년대 중반, 이동통신회사들의 시장 점유율 경쟁이 뜨거워지면서 프로모션 시장이 급격하게 성장하였습니다.

1990년대 후반 외환위기를 겪으면서 소비 심리가 극도로 위축되자 국내기업들은 위기를 극복하기 위한 전략으로 여러 가지 프로모션을 다양하게 활용하였습니다. 값비싼 매체광고에서 상대적으로 값싼 프로모션으로 눈을 돌리기 시작한 것입니다. 인터넷이 프로모션 툴로 활발히 활용되기 시작한 것도 바로 이때입니다. 그러나 이때까지만 해도 프로모션은 그저 단기적인 효과를 위한 실행적인 성격이 강했습니다.

2000년대에 들어와 우리나라 광고시장이 본격적으로 개방되자 외국계 광고대행사를 중심으로 BTL이라는 용어를 사용하기 시작했습니다. 광고대행사들은 기존의 프로모션 부서를 BTL 부서로 전환하기도 하고, BTL 부서를 신설하기도 했습니다. 이제 BTL은 실행적인 성격이 아니라 브랜드 빌딩

---

1 Belch, George E., & Belch, Michael(2001), *Advertising and Promotion*, The MacGraw Hill Companies, Inc.

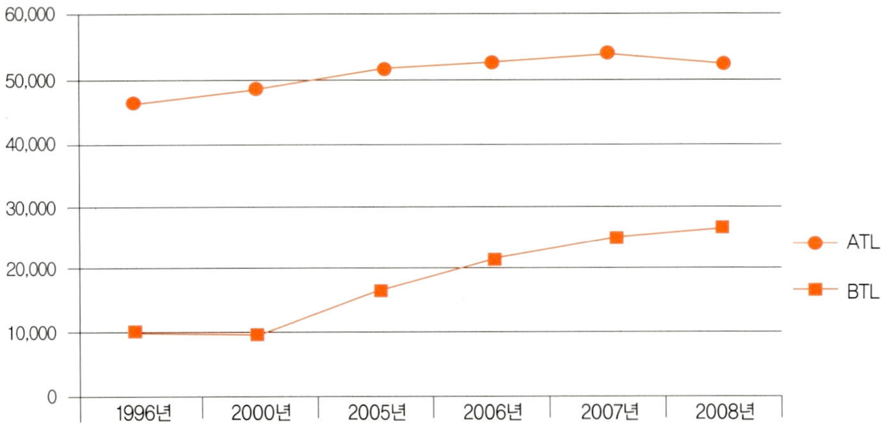

그림 2-1 우리나라 광고시장 변화추이. 단위: 억 원

구분	미디어	1996년	2000년	2005년	2006년	2007년	2008년
ATL	TV	15,866	20,687	21,492	21,839	21,076	18,997
	RADIO	2,117	2,504	2,683	2,799	2,807	2,769
	신문	23,186	21,214	16,724	17,013	17,801	16,581
	잡지	2,078	1,634	4,368	4,591	4,841	4,804
	제작	2,304	2,173	7,315	7,711	7,873	7,628
	계	45,551	48,212	52,582	53,953	54,398	50,779
BTL	옥외, SP, 기타	9,337	7,227	7,358	7,737	6,793	6,395
	Cable TV	1,129	1,736	4,868	6,721	8,297	8,600
	온라인	139	1,360	5,669	7,790	10,200	11,900
	위성, 지상파, DMB, IPTV			62	139	209	262
	계	10,605	10,323	17,957	22,387	25,499	27,157
	총 계	56,156	58,534	70,539	76,340	79,897	77,936

표 2-1 우리나라 광고시장 규모. 자료: admankim.com. 단위: 억 원

(*brand building*)[2] 차원에서 좀더 장기적이고 전략적 성격을 갖게 되었습니다.

현재 우리나라 광고시장은 약 8조 원입니다. 그중 약 35%가 BTL 시장입니다(〈표 2-1〉,[3] 〈그림 2-1〉 참조). BTL은 이제 TV, 신문에 이어 제3의 미디어로 떠오르고 있습니다.

2003년 자료에 따르면 유럽과 미국에서는 ATL과 BTL의 비중이 약 45 : 55로 BTL이 오히려 ATL을 앞지르고 있습니다.[4] 최근 세계 유명 광고제, 즉 칸 광고제, 클리오 광고제, 뉴욕 페스티벌 등의 대상작이 인쇄광고와 TV CM에서 옥외광고와 인터넷광고로 넘어가고 있다는 사실만 보아도 광고의 무게 중심이 ATL에서 BTL로 이동하고 있다는 것을 알 수 있습니다.

---

2 일관성과 지속성 있는 브랜드 관리 활동. 브랜드 인지도, 선호도, 충성도 등을 구축함. Shultz, D. E., *Communicating Globally: An Integrated Marketing Approach*, 김일철 역(2003), 《글로벌 마케팅 커뮤니케이션》, 북코리아.

3 황학익(2009), "광고계 동향-광고 시장 2009년 결산 및 2010 전망", http://admankim.com.

4 손형채(2005), "BTL, 마케팅 커뮤니케이션의 새로운 지평을 열다", 〈제일기획 사보〉 2005년 1월호, 57쪽.

왜,
BTL이
뜨는
거야?

미국의 유명한 BTL 전문지 《프로모》(*Promo*)에 따르면, 소비자들의 77%가 사용경험(*experience*), 시험구매(*trial*), 견본품 사용(*sampling*)을 통해 제품을 구매하는 것으로 나타났습니다. 기업들이 BTL에 관심을 가질 수밖에 없는 이유입니다. 《프로모》에 따르면 기업의 CFO(*chief financial officer*)들과 CMO(*chief marketing officer*)들은 앞으로 지속적으로 BTL 예산을 늘려나갈 계획인 것으로 알려졌습니다.[1]

그렇다면 광고의 언더그라운드(*underground*)라 할 수 있었던 BTL이 최근 들어 갑자기 뜨는 이유는 무엇일까요?

미디어의 변화

기술의 발전은 미디어의 변화를 가져옵니다. 새로운 기술이 개발되면 곧바로 이를 활용한 상업적 목적의 미디어가 개발되기 때문입니다.

최근 눈부신 기술의 발전과 함께 정보를 얻을 수 있는 미디어가 다양화되었습니다. 소비자들은 인터넷, 케이블 TV, 심지어 휴대전화로도 정보를 얻을 수 있게 되었습니다. 통신기술의 발달로 인한 유비쿼터스(*ubiquitous*) 시대는 계속해서 소비자에게 새로운 미디어를 제공하고 있습니다.

이제 기업은 더 이상 TV, 신문, 라디오, 잡지 등 전통적인 미디어에만 의존할 수 없게 되었습니다. 새로운 매체, 새로운 마케팅 방법을 모색하는 기업들에게 BTL은 여러 가지 새로운 대안을 제공합니다.

---

1 *Promo* 2004년 4월호.

사회환경의 변화

현대사회는 너무나 빨리 변화합니다. 거기에 적응하기 위해 현대인들은 너무나 바빠졌습니다. 한정된 시간 안에 많은 일을 해야 하므로, 시간관리가 매우 중요해졌습니다.

따라서 자신과 관련이 없는 일반적 정보는 무시하고, 자신과 직접적, 개인적으로 관련된 정보에만 관심을 가질 수밖에 없게 되었습니다. 불특정한 대중을 상대로 일정한 정보를 살포하는 ATL이 더 이상 힘을 발휘하지 못하게 된 것입니다.

제일기획 미디어연구소의 자료에 따르면 2000년 이후 TV시청률은 지속적으로 감소하고 있습니다. 2000년부터 2005년까지 5년 동안 일요일 시청률은 무려 22.1%나 감소하였습니다. 또한 광고주협회의 조사에 따르면 신문구독률과 열독률도 계속 감소하고 있습니다. 2001년부터 2006년까지 4년 동안 신문구독률은 32.1%, 신문열독률은 11.8%나 감소하였습니다.[2]

TV, 신문, 라디오, 잡지 등 매스 미디어의 효과가 점점 약해짐에 따라, 광고주들은 그 대안으로 BTL에 눈을 돌리게 되었습니다.

소비자의 변화_정보력

과거에는 제품, 가격, 유통, 정보에 대한 주도권이 생산자에게 있었습니다. 그러나 이제 그 주도권이 소비자에게로 넘어갔습니다. 인터넷의 발달과 함께 소비자들에게 정보력이 생긴 것입니다. 정보는 더 이상 희귀한 자원이 아닌 셈입니다.

이제 웬만한 소비자들은 인터넷으로 브랜드 이미지를 조사하고, 제품에

2 오정석(2006), "변호의 중심에 서게 된 BTL", *Cheil Communications* 2006년 12월호.

대한 전문가의 의견을 탐색하고, 유통 채널별로 제품가격까지 비교합니다. 기업보다 소비자가 더 빨리 정보를 얻는 '정보의 역전(逆轉) 현상'이 발생하기도 합니다.

트위터,[3] 블로그, 페이스북[4] 등의 개인 미디어어가 확산되면서 소비자가 직접 정보를 생산하기도 합니다. UCC(*User Created Contents*) 또는 UGC(*User Generated Contents*)와 같이 콘텐츠를 생산하기도 하고, 위키피디아[5]와 같이 지식을 창조하기도 합니다.

이러한 기술 덕분에 소비자들은 프로슈머(*prosumer*, 소비자인 동시에 생산자)로 탈바꿈할 수 있게 되었습니다.[6] 더 이상 인지와 도달을 기반으로 한 ATL이 힘을 쓰지 못하게 된 것입니다.

소비자의 변화_네트워크

인터넷과 개인 미디어의 발달은 그것을 사용하는 사람들 간의 네트워크를 활성화시켰습니다. 소비자들은 더 쉽게, 더 자주 접촉할 수 있게 되었고 따라서 더 많은 정보를 교환할 수 있게 되었습니다.

그 결과 소비자들은 기업보다도 동료 소비자를 더 신뢰하게 되었습니다.[7] 닐슨 글로벌 조사(Nielsen Global Survey)에 의하면 소비자의 약 90%는 지인

---

3 소셜 네트워크 겸 마이크로 블로그 서비스로 140자의 단문만을 올릴 수 있는 서비스. 자신이 관심 있는 사람의 글을 팔로우(*follow*)하여 자동으로 구독할 수 있음.

4 사용자들의 친구와 관심사를 찾아 연결해주는 사회 관계망 서비스.

5 누구나 자유롭게 글을 쓸 수 있는 사용자 참여의 다국적 온라인 백과사전.

6 Kotler, Philip, Kartajaya, Hermawan & Setiawan, Iwan(2010), *Marketing 3.0 : From Products to Customers to the Human Spirit by Philip Kotler*, 안진환 역(2010), 《마켓 3.0》, 타임비즈.

7 Godin, Seth(2008), *Tribes : We Need You to Lead Us*, New York Portfolio.

들의 추천을 신뢰하며, 약 70%는 온라인에 게재된 고객의견을 믿는 것으로 나타났습니다.[8]

또한 트렌드스트림/라이트스피드 리서치(Trendstream/Lightspeed Research)의 조사에 따르면 소비자들은 전문가보다도 소셜 네트워크에서 만난 낯모르는 사람들의 의견을 더 신뢰하는 것으로 나타났습니다.[9] 소비자들은 이제 기업광고가 아니라 대중들의 입소문을 신뢰성 있는 광고의 형태로 인식하는 것입니다.

2010년 현재 2,500만 명[10]이 넘는 싸이월드 이용자들이 일촌끼리 서로 정보를 주고받고, 200만 명[11]이 넘는 트위터 이용자들이 팔로워(*follower*)들과 빠르게 정보를 공유합니다. 소비자들은 자신들의 네트워킹만으로도 정보를 취사선택할 수 있게 되었습니다.

따라서 이제 마케팅은 누가 고객과 더 가까운 관계를 맺고, 관계를 토대로 더 깊은 신뢰를 얻고, 신뢰를 바탕으로 더 많은 판매를 이끌어내느냐의 문제가 되었습니다. 소비자와 1 : 1로 관계를 맺는 BTL이 각광받을 수밖에 없게 된 것입니다.

---

8 *The Korea Times*(2009), "What are important consumer trends out there?", 9월 4일자 Special.

9 Kotler, Philip, Kartajaya, Hermawan & Setiawan, Iwan(2010), op. cit.

10 〈전자신문〉(2010), "삼성전자 스마트TV 싸이월드 콘텐츠 제공", 12월 19일자 IT/과학 면.

11 〈서울경제신문〉(2010), "국내 트위터 가입자 수 200만 명 돌파", 11월 15일자 IT/과학 면.

소비자의 변화_엔터테인먼트

요즘 소비자들은 엔터테인먼트에 무엇보다 큰 가치를 둡니다.12 그들은 휴대전화를 장난감으로 생각하며, 거기에 들어가는 돈을 아끼지 않습니다. 또 많은 시간과 정성을 들여서 자신의 블로그나 미니홈피를 꾸미고 관리합니다. 그러한 소비자들에게 다양한 툴(*tool*)과 자유롭고 재미있는 접근방법을 사용하는 BTL은 엔터테인먼트로서의 기능을 하기에 충분합니다.

제품과 관련하여 소비자가 흥미 있어 할 만한 것들을 제시하여 소비자의 관심을 유도하는 것을 브랜디드 엔터테인먼트(*branded entertainment*)라고 합니다. 인기 절정의 가수 이효리와 에릭의 출연, 화려한 크럼핑(*Krumping*) 댄스, 무명 댄서의 꿈을 이루어주는 오디션, 역경을 극복하고 맺어지는 극적인 사랑 등 다양한 볼거리를 제공한 애니콜의 '애니모션'(any motion) 뮤직비디오(〈그림 3-1〉)가 바로 BTL을 통해 브랜디드 엔터테인먼트를 창조해낸 대표적인 사례입니다.

브리트니 스피어스(Britney Spears)의 '아임 슬레이브 포 유'(*I'm A Slave 4*

그림 3-1 애니콜 뮤직비디오 애니모션 편.

그림 3-2 라네즈 동영상 백만 불짜리 몸매만들기 편.

12 Lewis, David & Bridger, Darren(2000), *The Soul of the New Consumer*, London: Nicholas Brealey Publishing.

U)에 맞춰 관능적인 춤을 추는 전지현의 모습, 드레스의 소매를 뜯고 스커트 밑단을 찢어 미니 원피스 차림으로 변신하는 도발적인 몸짓, 늘씬한 바디라인을 만들기 위한 독특한 워킹과 동작 등으로 네티즌들의 폭발적인 인기를 얻어 마침내 해당 기업의 홈페이지까지 다운시켰던 라네즈의 '백만 불짜리 몸매 만들기 프로젝트' 동영상(〈그림 3-2〉)은 BTL을 통한 브랜디드 엔터테인먼트가 얼마나 큰 위력을 가질 수 있는지를 보여준 사례입니다.

마케팅 패러다임의 변화

앞에서 언급한 사회환경의 변화, 미디어의 변화, 소비자의 변화는 기업의 마케팅 패러다임에도 큰 변화를 가져왔습니다. 이제 ATL이냐 BTL이냐 하는 영역이 중요하지 않게 되었습니다. 고객을 움직일 수 있는 빅 아이디어(*big idea*)를 중심으로 필요한 커뮤니케이션 수단을 전략적으로 선택하는 것이 중요합니다. ATL과 BTL의 융합(*convergence*), 즉 TTL(*through the line*)의 시대가 열린 것입니다.

에스오일의 '100인의 카레이서' 캠페인(〈그림 3-3〉)은 ATL과 BTL 융합의 좋은 사례입니다. 이 캠페인의 빅 아이디어는 '에스오일 송'이었습니다.

누구라도 재미있게 따라 부를 수 있고 쉽게 전파할 수 있는 이 '에스오일 송'을 플랫폼으로 하여 TV광고(ATL), 이벤트, 온라인광고, 온라인게임 PPL(이상 BTL) 등을 전개하여 큰 성공을 거두었습니다.

> 오늘은 왜 이리 잘 나가는 걸까? 에스오일 덕분일까? 나는 에스오일 에스오일 에스오일~ 좋은 기름이니까 ~

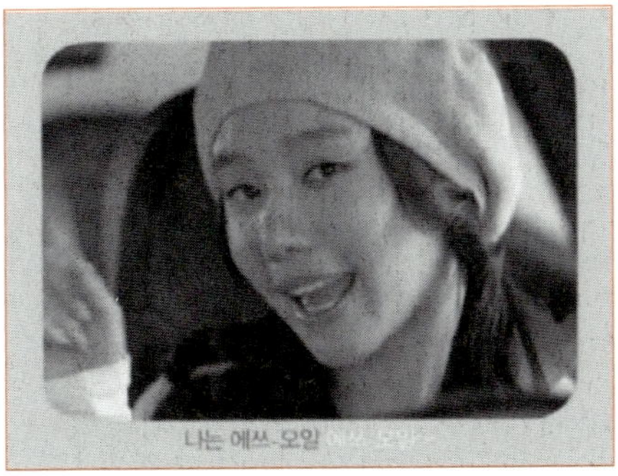

그림 3-3 에스오일 에스오일송 100인의 카레이서 편.

그림 3-4 Cadbury fruit burst 빌보드 딸기풍선 편.

BTL 내에서 온, 오프라인을 융합한 사례도 있습니다. 캐드버리(Cadbury)의 과일맛 풍선껌 프루트버스트(Fruit Burst)의 'When will the Fruit Burst?'(Fruit가 언제 터질까요?) 캠페인이 바로 그것입니다.

〈그림 3-4〉에서 보는 것과 같이 빌보드에 커다란 압정과 딸기 모양의 풍선이 부착되어 있습니다. 한 달 동안 이 풍선은 조금씩 조금씩 부풀어 올랐습니다. 언제 풍선이 터질지 사람들은 조마조마한 마음으로 지켜보았습니다. 풍선이 점점 커지는 모습은 웹사이트를 통해서 실시간으로 중계되었습니다. 딸기가 언제 터질지를 알아맞히는 온라인 이벤트도 실시되었습니다. 5천 달러의 상금이 걸린 이 이벤트에 참여하기 위해 전 세계 네티즌들이 앞 다투어 캐드버리 웹사이트를 방문했습니다. 캠페인이 끝난 후 프루트버스트의 브랜드 인지도는 무려 93%로 증가했습니다.

ATL의 근본적인 한계

BTL의 부상은 곧 ATL의 추락을 의미합니다. ATL이 가진 다음 몇 가지 근본적인 한계 때문입니다.

첫째, ATL은 막대한 자원이 소요됩니다. 투자할 수 있는 자원이 많지 않은 대개의 기업들에게 ATL은 그림의 떡에 불과합니다. 게다가 ATL의 광고비는 꾸준히 상승하는 것에 반해, 소비자들의 접촉률은 오히려 하락하고 있습니다. 한마디로 비용은 증가하고 있는데 효율은 줄어들고 있다는 것입니다.

제한된 예산을 효율적으로 사용해야 하는 광고주들에게 적은 자원으로 여러 가지 광고를 집행할 수 있는 BTL은 매우 매력적일 수밖에 없습니다. 특히 불황으로 마케팅 비용에 압박을 받을 때 BTL의 가치는 더욱 빛납니다.

둘째, 최근 소비자의 욕구가 다양화되고 세분화되면서 소수를 위한 제품 출시가 늘고 있습니다. ATL은 이러한 시장상황에 유연하게 대처할 수 없습니다. 매스미디어를 통해 하나의 메시지를 광범위한 고객층에게 전달하기에는 유용하지만, 세분화된 고객층에게 일일이 다가갈 수는 없습니다. 있다고 해도 지나치게 비효율적입니다.

이에 반해 BTL은 다양한 툴을 통해 다양하고 세분화된 고객에게 더 가까이 다가갈 수 있습니다.

셋째, ATL은 일방적 커뮤니케이션입니다. 소비자에게 메시지를 일방적으로 전달할 뿐, 소비자가 참여하거나 피드백할 수 있는 여지가 별로 없습니다. 그러므로 적극적인 참여와 빠른 피드백을 원하는 요즘 소비자들에게는 잘 맞지 않습니다.

가브리엘과 랭(Yiannis Gabriel & Tim Lang)은 *The Unmanageable Consumer*에서 20세기 이후의 사람들은 자신을 근로자, 시민, 부모, 선생님으로 생각하기보다 소비자로 생각하고 말한다고 지적했습니다.[13] 그런 소비자들에게는 직접 참여하여 브랜드를 체험하고 경험을 즐길 수 있는 BTL은 매력적일 수밖에 없습니다.

넷째, ATL은 성과가 불확실합니다. 미래 어느 시점에서 광고효과가 나타날지 알 수 없으므로 그저 장기적인 투자로밖에 생각할 수 없습니다. 치열한 경쟁환경 속에서 마음이 조급해진 기업들은 이런 ATL만 믿고 있을 수 없습니다. 소비자를 직접 설득해 바로 성과로 연결시킬 수 있는 방법이 필요합니다.

여기에 부응하는 것이 바로 BTL입니다. BTL은 소비자에게 즉각적인 행동의 구실을 만들어주기 때문에 반응이 빠릅니다. 또한 그 효과를 직접 눈으로 확인할 수도 있습니다.

다섯째, ATL은 규제가 심합니다. 규제를 피해 새로운 광고영역을 개척하고자 하는 광고주들에게 BTL은 좋은 대안이 될 수 있습니다.

13 Gabriel, Yiannis & Lang, Tim(2006), *The Unmanageable Consumer*, Sage Publications.

BTL이
뭐가
좋은 거지?

ATL이든 BTL이든 광고를 잘 만들려면 글이나 그림이 아니라 생각하는 방법을 바꿔야 합니다. BTL이 가진 특성을 잘 생각해보면 좋은 BTL 크리에이티브를 만들 수 있습니다. BTL만의 특성을 살펴보면 다음과 같습니다.

접근성

> ATL talks at you, BTL talks to you(ATL은 당신이 있는 곳에 말을 하고, BTL은 당신에게 말을 한다).[1]

BTL의 핵심은 소비자에게 직접 말을 건다는 것입니다. 소비자가 '봐주기'를 기다리는 소극적인 프레임이 아니라, 소비자에게 직접 다가가는 적극적인 프레임입니다.

날로 심해지는 광고 혼잡 속에서 BTL의 접근성은 큰 힘을 발휘합니다. 광고가 하나의 접점(*touch point*)이 되어 소비자와 브랜드가 즉각적인 교감을 나누고 상호관계(*interaction*)를 구축할 수 있기 때문입니다. 이러한 감성적 유대감은 브랜드의 최종 기착점인 러브 마크(*love mark*)[2]의 중요한 밑바탕이 됩니다.

예컨대 리바이스는 새로운 진 브랜드 시그니처를 런칭하면서 목표 소비자들이 집중적으로 모여 있는 곳에 흰색으로 랩핑(*wrapping*)[3]한 버스를 배치했습니다(〈그림 4-1〉). 버스 측면에는 '싸인해주세요!'라는 카피가 크게 쓰여 있습니다. 지나는 길에 재미로 싸인을 남김으로써 소비자들은 매장을

1 구자룡(2007), 《마케팅 2.0 iWOM》, 동아일보사.

2 Lafley, A. G. & Roberts, Kevin(2005), *Lovemarks-The Future Beyond Brands*, 양준희 역(2005), 《러브마크: 브랜드의 미래》, 서돌.

3 원하는 이미지를 그래픽으로 제작한 다음 PVC 필름에 출력하여 원하는 곳에 부착하는 것.

그림 4-1
리바이스 시그니처 버스광고 싸인해주세요 편.

직접 방문하지 않고도 자연스럽게 시그니처라는 브랜드와 관계를 맺을 수 있었습니다.

다양한 미디어, 다양한 메시지

브랜드는 고객을 둘러싼 다양한 접점에서 얻게 되는 정보와 경험에 의해 형성됩니다.[4] 그래서 고객 접점에 대한 전략적 관리의 중요성이 대두되었고, IMC(*Integrated Marketing Communication*), 전방위(全方位) 마케팅(*Holistic Marketing*), 360° 마케팅 등의 전략적 프레임들이 제시되었습니다.

BTL은 고객과의 다양한 접점을 TPO(*Time, Place, Occasion*)로 나누어 각각에 맞는 메시지를 전달할 수 있다는 점에서 브랜드 관리의 좋은 수단이 됩니다. 중요한 것은 고객의 구매의사결정 과정에 따른 가장 효과적인 접점을 찾아내는 것과 그에 적합한 미디어와 메시지를 선택하는 것입니다.

수많은 접점 중에서 당면한 커뮤니케이션 과제를 해결해 줄 수 있는 효과적인 접점을 찾아내기 위해 많은 광고대행사들은 나름의 소비자 접점 모델을 개

4 Scott M. Davis, Michael Dunn & David A. Aaker(2002), *Building the Brand-Driven Business: Operationalize Your Brand to Drive Profitable Growth*, Jossey-Bass.

발했습니다. 제일기획의 KISS(*Key to Impact Sales Spots*, 〈그림 4-2〉), 하쿠호도의 BCM(*Brand cycle management*, 〈그림 4-3〉), 레오버넷의 Brand Story, 아사츠 DK의 Ex-point Management, TBWA의 커넥션 모델 등이 바로 그것입니다.

소비자가 머무르고 보는 모든 곳에서 가능한 접점을 파악하고 그중에서 가장 효과적인 접점을 찾아내는 것이 과학의 영역이라면, 찾아낸 접점을 효

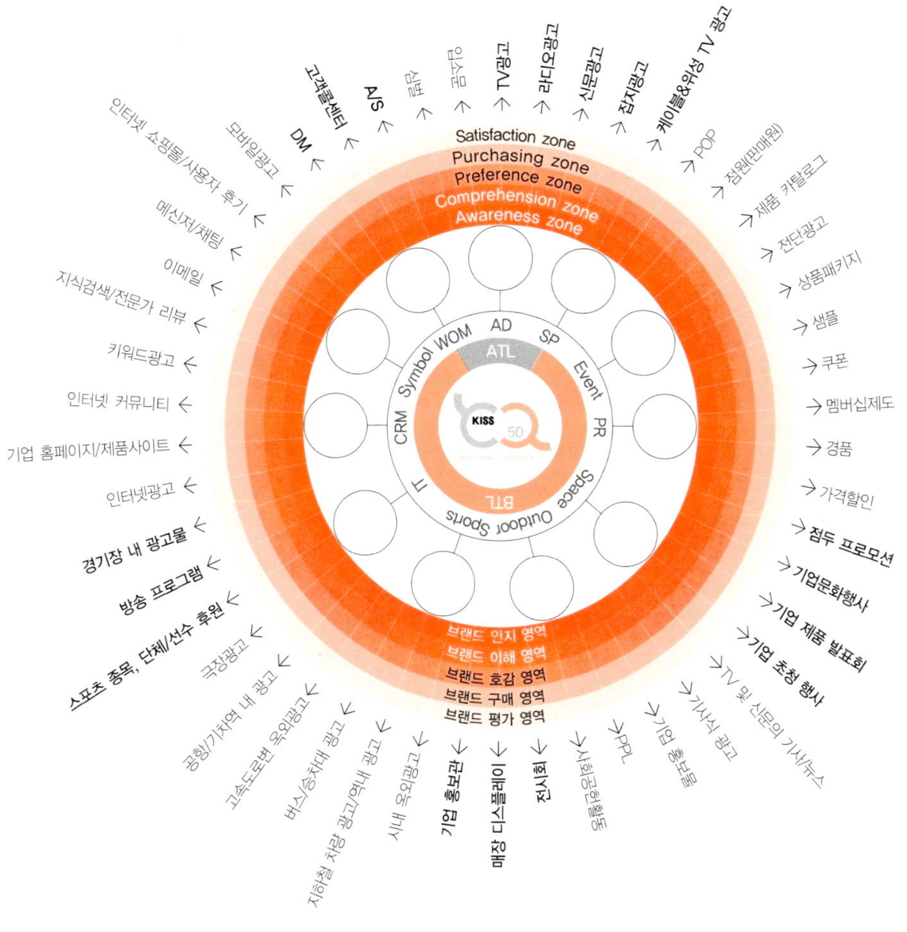

그림 4-2 제일기획 브랜드접점모델 KISS. 자료: 제일기획

율적으로 활용하는 것은 크리에이티브의 영역입니다. 무엇을 미디어로 사용할 것인지, 그리고 그 미디어에 어떤 메시지를 담을 것인지 하는 것들이 바로 BTL 크리에이티브의 핵심입니다.

BTL의 미디어는 매우 다양합니다. 소비자의 눈이 닿는 곳에 있는 것이면 무엇이든 미디어로 활용할 수 있습니다. 그래서 혹자는 BTL을 'Non Media Communication'이라고도 합니다. 끊임없이 만들어지는 소비자 미디어 중에서 채택해서 쓸 수도 있고, 광고 담당자가 새로운 미디어를 개발해서 쓸 수도 있습니다.

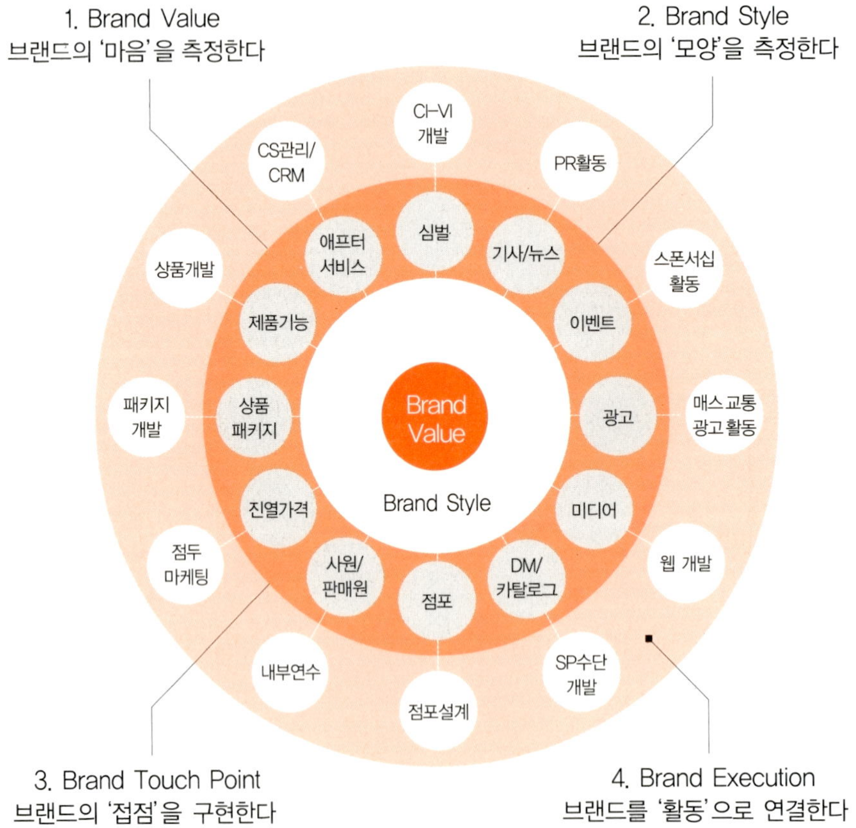

그림 4-3 하쿠호도 브랜드접점 모델 BCM. 자료: blog.naver.com/esmins

그림 4-4 코카콜라 PPL 카트라이더 편.

그림 4-5 코카콜라 옥외광고 미디어폴 편.

예를 들어 2002년 코카콜라는 당시 최고 인기를 얻고 있던 온라인 레이싱 게임 카트라이더를 하나의 미디어로 활용하여 게임 맵에 지속적으로 제품을 노출하는 형태의 새로운 PPL을 시도하였습니다(〈그림 4-4〉). 이 새로운 PPL은 비용 대비 효과가 커서 지금까지도 성공사례로 꼽히고 있습니다.

또한 2010년 크리스마스 시즌에는 강남역 일대의 미디어 폴 위에 코카콜라 병 모양의 대형 조형물(〈그림 4-5〉)을 설치하여 행인들의 주목을 끌기도 했습니다. 12.3m의 미디어 폴 위에 6m의 대형 조형물을 설치한 것은 미디어 개발의 파격적 사례였습니다.

미디어 선택도 중요하지만 그보다 더 중요한 것은 선택된 미디어 속에 어떤 메시지를 담느냐 하는 것입니다. 미디어의 특성을 가장 잘 살릴 수 있는 메시지를 담는 것이 중요합니다.

파파존스의 BTL 광고들은 여기에 대한 좋은 예를 보여줍니다. 〈그림 4-6〉은 파파존스 플라이어 스티커입니다. 아파트 안에서 밖을 내다보는 확대경 바깥쪽에 플라이어 스티커를 붙여 놓았습니다. 확대경을 통해서 밖을 내다보면 마치 배달원이 피자 배달을 온 것처럼 보입니다. 언제라도 배달이 된다는 것, 원하는 시간에 빠르게 도착한다는 점을 강조한 것입니다.

같은 파파존스 광고로 〈그림 4-7〉은 옥외배너입니다. 피자 조각을 떼었을 때 길게 늘어나는 치즈 모양으로 배너를 만들었습니다. 치즈가 많이 들어있을수록 이 길이는 길어집니다. 도로를 횡단할 정도로 긴 치즈 위에는 이러 카피가 쓰여 있습니다. 'Extra cheesy pizzas'(치즈가 아주 풍부한 피자). 치즈가 많이 들어있다는 제품특성을 효과적으로 강조하고 있습니다.

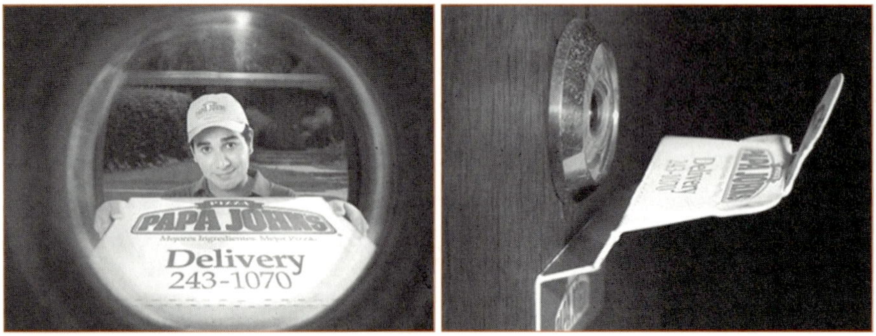

그림 4-6 파파존스 플라이어 스티커 편, 확대경 편.
그림 4-7 파파존스 배너 치즈 편.

브랜드 충성도 형성

일반적으로 사람들은 무엇을 살 것인가에 대한 의사결정을 즉흥적으로 하지 않습니다. 의사결정 전에 일련의 사고(思考) 과정을 거칩니다. '이 브랜드는 어떤 브랜드인가?', '이 브랜드를 구매할 만한 가치가 있는가?', '이 브랜드에 대한 사람들의 평판은 어떤가?'에 대해 생각해보고 나서 구매의사를 결정합니다. 따라서 이러한 의사결정 단계에 따라 커뮤니케이션의 과제도 달라져야 합니다.

커뮤니케이션 과제는 크게 세 가지로 나뉩니다. 첫째, 브랜드를 알리고 이해시키고 기억시키는 인지적(認知的) 과제, 둘째, 브랜드를 좋아하게 만들고 친근하게 만드는 태도적 과제, 셋째, 브랜드를 직접 보고 싶고 사고 싶게 만드는 행동적 과제입니다(〈그림 4-8〉).

존 윌름스허스트는 ATL은 브랜드에 대한 태도를 향상시키기 위한 것이며, BTL은 우호적인 태도를 실제 행동으로 전환하기 위한 것이라고 주장했습니다.[5] ATL은 높은 도달률을 이용해 많은 사람들에게 브랜드를 알리고

의사 결정 단계	커뮤니케이션 과제
이 브랜드는 어떤 브랜드인가?	브랜드를 알리고 기억하게 만드는 인지적 과제
이 브랜드를 구매할 만한 가치가 있는가?	브랜드를 좋아하게 만드는 태도적 과제
이 브랜드에 대한 사람들의 평판은 어떤가?	브랜드를 보고 싶고 사고 싶게 만드는 행동적 과제

그림 4-8 의사결정 단계에 따른 커뮤니케이션 과제.

5 Wilmshurst, John(1993), *Below-The-Line Promotion*, Butterworth-Heinemann.

그림 4-9 ATL vs BTL

이해시켜서 고객의 인식과 태도를 변화시키는 데 효과적이며, BTL은 도달률은 낮더라도 고객과의 직접적인 만남과 1 : 1 커뮤니케이션을 통해 브랜드에 대한 충성도를 높이고 궁극적으로 구매로 이끄는 데 효과적이기 때문입니다(〈그림 4-9〉).

다양한 매체와 함께 정보가 넘쳐나는 요즘, 중요한 것은 얼마나 많은 사람에게 도달하느냐 하는 것이 아닙니다. 목표로 하는 소비자를 어떻게, 얼마나 몰두시켜서 결국 브랜드에 충성하게 만들 것이냐 하는 것입니다. 몰두를 통해 브랜드 충성도를 높이는 것을 브랜드 인게이지먼트(*brand engagement*)라고 합니다.

고객의 브랜드 충성도[6]는 결국 '고객 점유율'을 높여서 기업의 장기적 이익을 담보합니다. '시장 점유율'은 현재 제품이 얼마나 팔리고 있는가? 즉, 현재의 경쟁력을 나타내지만, '고객 점유율'은 한 사람의 고객이 우리 제품을 얼

6 일정 기간 동안 고객이 소비한 총액에서 자사 제품을 구입하는 데 지출한 금액의 비중. 한 사람의 고객이 어느 정도 자사 제품을 선택하고 있는지를 나타냄.

마나 선택하고 있는가? 즉, 장래의 지속적인 경쟁력을 나타내기 때문입니다.

따라서 장기적 관점(*long-term strategy*)에서 브랜드 빌딩을 생각한다면 BTL을 통한 브랜드 충성도와 고객 점유율 제고에 더 큰 관심을 쏟아야 할 것입니다.

그림 4-10 Sharpie 버스광고 낙서 편.

예컨대 마커펜 브랜드 샤피(Sharpie)는 버스정류장에 전자 낙서판을 설치하고 거기에 전자펜을 달아 놓았습니다(〈그림 4-10〉). 버스를 기다리던 사람들은 그저 재미로 낙서를 했습니다. 그러나 그 낙서는 그대로 하나의 광고가 됩니다. 헤드라인에는 낙서자의 이름도 들어갑니다. 자신의 이름으로 된 광고를 보면서 고객은 브랜드에 대한 특별한 애착을 느끼게 될 것입니다.

차별화와 화제성

광고에서 무엇보다 중요한 가치는 차별화입니다. 차별화가 되지 않으면 고객의 눈에 띄기 어렵고, 그렇게 되면 설득도 어렵기 때문입니다.

ATL은 정해진 미디어와 형식 안에서 크리에이티브로만 승부하기 때문에 차별화가 어려울 수밖에 없습니다. 그러나 BTL은 ATL과 달리 미디어 선택도 자유롭고 미디어의 형식도 자유롭기 때문에 차별화가 그만큼 쉽습니다.

BTL은 미디어의 제한이 거의 없습니다. 크기, 모양, 소재, 시간의 제한에서 벗어나 얼마든지 새롭고 차별화된 접근을 할 수 있습니다. 물론 ATL도

그림 4-11 HBO 옥외광고 엿보기 편.

그림 4-12 홈플러스 지하철광고 진열장 편.

최근 7.5초 CM, 다른 CM과의 연계, 시간 차(差) 노출 CM 등 새로운 접근을 시도하고 있기는 하지만, BTL의 유연성(*flexibility*)과는 비교도 되지 않습니다.

BTL에서는 미디어 자체가 곧 아이디어입니다. 예컨대 미국 최대의 드라마 제작사 HBO는 아파트의 외벽을 미디어로 활용했습니다(〈그림 4-11〉). 뉴욕 다운타운의 한 아파트 외벽에 집안에서 생활하는 사람들의 실사 이미지를 투사하여 마치 아파트 안을 훔쳐보는 것과 같은 느낌을 준 것입니다. 'See what people do when they think no one is Watching'(아무도 보지 않는다고 여길 때 사람들이 무슨 짓을 하는지 보세요)라는 카피와 함께 집행된 이 '엿보기'(*voyeur*) 캠페인은 드라마에 대한 사람들의 호기심을 자극하기에 충분했습니다.

또한 홈플러스는 지하철 역사의 기둥과 벽을 미디어로 활용했습니다(〈그림 4-12〉). 기둥과 벽을 온통 제품 진열 사진으로 랩핑하여 지나가는 사람들이 마치 매장에 들어온 듯한 착각에 빠지게 만들었습니다. 이렇게 소비자 생활 주변의 사물들을 이용한 미디어를 앰비언트 미디어(*ambient media*)라고 합니다.

설혹 미디어가 새롭지 않다 해도 그 운용 방법에서 얼마든지 새롭게 접근

그림 4-13 청정원 지하철광고 레시피북 편.

그림 4-14 SKT 현대생활백서 편

할 수 있습니다. 청정원은 지하철 액자 광고를 접착식 메모지(일명 포스트잇)로 만들었습니다(〈그림 4-13〉). '장동건과 함께하는 레시피 북'이라는 이름의 이 광고는 소비자가 필요할 경우 광고의 일부를 떼어가 레시피로 활용할 수 있도록 했습니다.

이러한 차별화된 시도들은 그 자체만으로도 버즈(*buzz*)7를 일으켜 소비자들 사이에서 화제가 되곤 합니다. 2005년 SKT가 발간한 《현대생활백서》(〈그림 4-14〉)도 그러한 예입니다. SKT는 이동통신이 현대인의 라이프스타일과 사고방식을 어떻게 바꾸어 놓았는지를 책 속에 담아 한정수량 배포했습니다. 책 속에 담긴 재미있는 에피소드는 사람들에게 큰 화제가 되었고, 특히 젊은 층에서 그것을 따라하는 것이 유행이 되기도 했습니다.

7 꿀벌이 윙윙거리는 것처럼 소비자가 자발적으로 주변 사람들에게 제품 관련 메시지를 전달하는 것.

장시간 반복 노출

ATL이 15초 안에 소비자의 뇌리에 강한 메시지를 심는 것이라면, BTL은 소비자의 생활 속에 광고를 노출시켜 놓고 소비자가 체험을 통해 스스로 느끼도록 하는 것입니다.

사실 소비자의 정보탐색 욕구를 만족시키기에 15초의 TV광고는 너무 짧습니다. 길어야 2페이지인 신문광고도 너무 제한적입니다. 이에 반해 BTL은 장시간 노출이 가능하기 때문에 메시지를 충분히 전달할 수 있고 또 반복 노출을 통해 무의식중에 메시지를 각인시킬 수도 있습니다.

2008년 캐나다 폐 협회(The Lung Association)는 거리 곳곳에 폐암환자의 사진으로 만든 재떨이를 배치했습니다(〈그림 4-15〉). 재떨이가 필요한 사람들은 사진 속 폐암환자의 목에 뚫린 구멍 속으로 담배꽁초를 버려야 했습니다. 카피는 "This man smoked 125, 000 cigarettes before he got cancer.

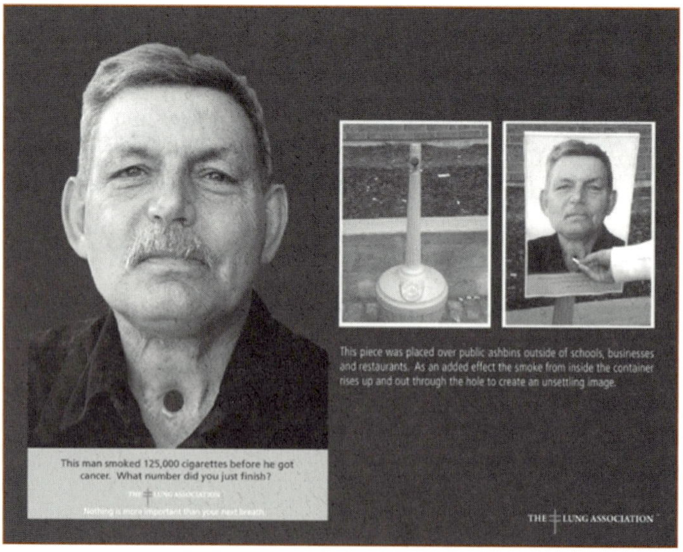

그림 4-15 캐나다 폐협회 옥외광고 목구멍 편.

What number did you just finish?"(폐암에 걸리기 전까지 이 남자는 12만 5천 개비의 담배를 피웠습니다. 당신은 지금까지 몇 개비나 피웠습니까?). 담배꽁초를 버릴 때마다 사람들은 섬뜩함을 몸으로 느꼈습니다. 장기간 반복노출의 힘을 보여주는 BTL 캠페인입니다.

장기간 반복노출은 또한 브랜드 가시성(*visibility*)과 브랜드 연상(*association*)[8]을 창출하여 브랜드 아이덴티티(*identity*)[9]를 형성하는 데 큰 도움이 되기도 합니다.

소비자 참여

이제까지의 마케팅은 다분히 '수직적'(垂直的)이었습니다. 기업은 제품을 만드는 주체이고 소비자는 그 제품을 소비하는 객체다, 소비자들은 정보가 부족하므로 기업이 정보를 제공해야 한다는 것이 마케터들의 생각이었습니다. 설령 소비자들의 의견에 귀를 기울인다 해도 그것은 그저 참고사항에 불과했습니다.

이제 '기업과 소비자', '마케터와 소비자'와 같은 이분법을 끝내야 할 시점입니다. 기업이 소비자를 순진한 존재로 여기는 동안, 소비자들은 단기간에 집단적인 진화과정을 거쳐 '똑똑한' 소비자가 되었기 때문입니다.[10]

세계적인 경영 전문지 〈하버드 비즈니스 리뷰〉는 기업이 마케팅에서 성공하기 위해서는 제품 설계에서부터 소비자를 적극적으로 끌어들여야 한다고 지적했습니다. 웹 2.0시대의 소비자는 너무나 많은 것을 알고 있고 현명

---

8 브랜드와 관련하여 떠오르는 모든 기억. 브랜드에 대한 경험이 많을수록, 많이 노출될수록 브랜드 연상이 강해짐.

9 특정 브랜드만의 독특한 연상 이미지의 집합.

10 Kotler, Philip, Kartajaya, Hermawan & Setiawan, Iwan(2010), 앞의 책.

한 선택과 판단을 할 수 있는 능력을 갖췄기 때문에 그들이 주도할 때 마케팅 경쟁에서 승리할 수 있다는 것입니다.

또한 프라할라드(C. K. Prahalad)와 라마스워미(Venkat Ramaswamy)는 《경쟁의 미래》에서 소비자의 역할이 바뀌고 있다고 주장했습니다. 이제 소비자는 더 이상 수동적 대상이 아니라 능동적으로 기업에 유용한 피드백을 제공하는 주체라는 것입니다.[11]

그들은 기업과 소비자가 공동창조(*co-creative*)를 통해서 제품 경험을 창출하는 것이 매우 중요하다고 강조했습니다.[12] 제품 경험이란 소비자 개개인의 경험이 축적된 것을 말합니다. 소비자는 어떤 제품을 경험할 때 그 경험을 자신의 독특한 요구와 필요에 따라 개인화합니다. 이러한 커스터마이징[13] 노력을 모두 통합해서 원래의 제품을 보강하고 발전시켜야 한다는 것입니다.

이제 기업은 완성품으로서의 콘텐츠가 아니라 소비자들이 흥미 있어 할 만한 '틀'을 만들고 나머지는 소비자들이 스스로 완성시키게 하여야 할 것입니다.

중국에 이런 속담이 있습니다.

> 나에게 말해보라. 그러면 잊어버릴 것이다. 나에게 보여줘라. 그러면 기억할지도 모른다. 나를 참여시켜라. 그러면 이해할 것이다.

소비자를 참여시키는 것이 소비자를 이해시키는 가장 좋은 방법이라는 말입니다.

---

11 Prahalad, C. K. & Ramaswamy, Venkat(2005), *The Fortune at the Bottom of the Pyramid: Eradicating Poverty through Profits*, Wharton School Publishing.

12 Prahalad, C. K. & Krishnan, M. S.(2008), *The New Age of Innovation: Driving Co-creative Value through Global Networks*, NY: McGraw-Hill.

13 소비자가 자신의 기호와 필요에 맞추어서 제품의 하드웨어나 소프트웨어의 기능을 변경하는 것.

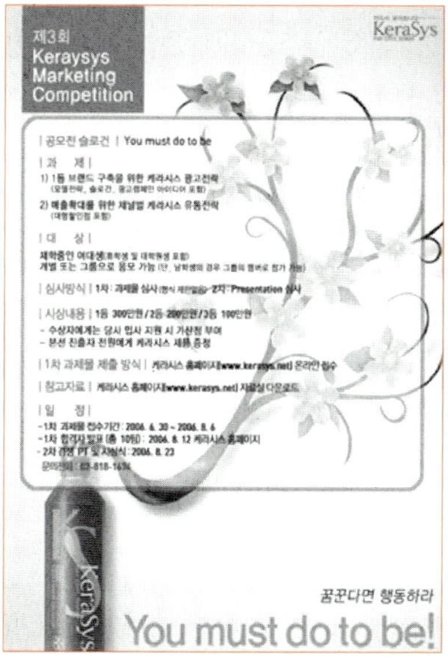

그림 4-16 케라시스 마케팅 컴페티션 편.

그림 4-17
롯데 드림카카오 소비자체험마케팅 다이어트 편.

소비자 참여 중심의 마케팅을 펼치기에 아주 적합한 수단이 바로 BTL입니다. 그래서 BTL을 라이브 미디어(*live media*)라고도 합니다.

2005년 애경 케라시스는 8회에 걸쳐 총 1만 명의 소비자 평가단을 모집하여 그들이 제품을 직접 체험해 볼 수 있도록 했습니다. 또한 여대생을 대상으로 '케라시스 마케팅 컴페티션'(〈그림 4-16〉)을 실시하여 학생들이 직접 프로모션을 기획해보도록 했습니다. 여기서 나온 아이디어를 실제 프로모션에 반영하여 성공을 거두기도 했습니다. 소비자 참여와 매출이라는 두 마리 토끼를 모두 잡은 사례입니다.

또한 롯데 드림 카카오는 2007년 '드림카카오와 함께 하는 초콜릿 다이어트 60일 챌린지'를 실시했습니다(〈그림 4-17〉). 챌린저들은 두 달간 모 피트니스 센터에서 드림 카카오를 먹으면서 유산소 운동을 하면 다이어트 효과가 더 뛰어나다는 것을 직접 체험할 수 있었습니다.

BTL 플래닝이 뭐 별거야?

BTL은 활용할 수 있는 미디어가 매우 다양합니다. 소비자의 눈이 닿는 곳에 있는 것이라면 무엇이든 미디어로 활용할 수 있습니다. 크기, 모양, 소재, 시간의 제한도 없습니다. 따라서 BTL 플래닝은 어떠한 미디어를 채택할 것인가에 대한 고민에서부터 시작하여 그 미디어를 어떻게 활용할 것인가에 대한 아이디어까지 모두 포함합니다.

방대한 플래닝 과정에서 중요한 몇 가지 포인트를 짚어 보겠습니다.

기술에 대한 지식

미디어를 제대로 활용하기 위해서는 관련 기술에 대한 정보와 지식이 필요합니다. 음성인식기술이라든지, 3D(*three dimensions*),[1] 홀로그램(*hologram*),[2] VR(*virtual reality*),[3] QR코드(*quick response code*)[4] 등과 같은 특수 기술에 대한 정보와 지식은 아이디어의 폭을 넓혀줍니다.

예컨대 삼성 하우젠 버블 세탁기는 지하철 스크린 도어 광고에 QR코드를 넣었습니다. 〈그림 5-1〉에서 보는 것과 같이 '가인과 정훈의 반한 이야기'라는 헤드라인 옆에 QR코드가 있습니다. 반한 이야기가 무엇인지 궁금한 사람은 자신의 스마트폰으로 이 QR코드를 찍어서 자세한 뒷이야기를 볼 수 있습니다. QR코드를 통해 인쇄광고에서 마치 동영상과 같은 효과를 내고 있습니다.

---

1 3차원 컴퓨터 그래픽스를 가리킴.

2 빛의 상호 간섭 현상을 이용한 입체 영상으로 보는 각도에 따라 보이는 이미지를 다르게 하여 입체감을 나타낸 영상.

3 여러 가지의 영상이나 컴퓨터 그래픽을 이용하여 가공의 세계나 원격지의 공간을 표시하고 인간의 동작에 따라 컴퓨터로 변환시키면 마치 자신이 그 자리에 있는 것처럼 느끼게 하는 장치.

4 흑백 격자무늬 패턴으로 정보를 나타내는 바코드. 기존 바코드가 용량제한에 따라 가격과 상품명 등 한정된 정보만 담는 데 비해 QR코드는 넉넉한 용량을 강점으로 3차원적인 다양한 정보를 담을 수 있음.

그림 5-1
하우젠 버블 지하철광고 QR코드 편.

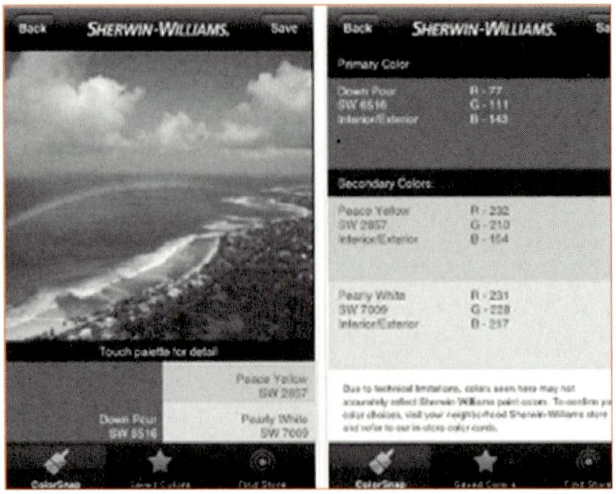

그림 5-2
Sherwin Williams 브랜디드 어플 Color snap편.

때로는 기술의 발전이 아이디어를 주도하기도 합니다. 2009년 말을 기준으로 전 세계 아이폰(i-phone) 가입자 수가 3,300만 명을 넘어서자 광고주들은 아이폰을 위한 브랜디드 어플(*branded application*)5에 온통 관심이 쏠렸습니다. 브랜디드 어플을 통해 제품의 종류, 가격, 매장 위치 등 정보를 제공할 수 있을 뿐 아니라 제품을 체험하고 브랜드를 경험할 수 있는 기회를 제공할 수 있기 때문입니다.

예컨대 미국 페인트업체 셔윈윌리엄스(Sherwin-williams)는 아이폰의 카메라 기능을 활용한 브랜디드 어플로 고객들에게 독특한 브랜드 경험을 제공했습니다. 'Color snap'이라는 이름의 이 어플(〈그림 5-2〉)은 고객이 아이폰으로 사진을 촬영하면 그 사진의 색에 가장 가까운 컬러 정보와 함께 자사 페인트 정보를 제공합니다.

5 기업이 브랜드와 제품 홍보를 위해 제작, 배포하는 스마트폰용 무료 소프트웨어.

미디어 변화에 대한 관심

미디어는 말 그대로 해석하면 어떤 개체들의 중간에 있는 매개체입니다. 즉, 메시지를 전달하는 수단이라는 말이지요. 그러나 미디어가 가진 막강한 영향력과 사회적 기능을 생각해보면 미디어는 결코 단순한 수단이 아닙니다.

마셜 맥루한(Marshall McLuhan)은 "미디어가 곧 메시지다"(*The medium is the message*)[6]라고 했습니다. 미디어가 가진 특징이 메시지 자체를 규정한다는 말입니다. 즉, 미디어의 속성들이 미디어로 인해 발생하는 모든 것, 즉 미디어에 담긴 콘텐츠, 이를 수용하는 방식, 수용자의 가치관 변화, 더 나아가 사회적 변화 등을 모두 결정한다는 것입니다.

마셜 맥루한은 미디어가 궁극적으로 우리의 가치관과 생활패턴을 변화시킨다고 주장했습니다. 이것은 종이, 영화, TV, 인터넷 등의 미디어가 발명

그림 5-3 삼성 두근두근 4Tomorrow 캠페인 프로게이머 편.

6 McLuhan, Marshall, *Understanding Media*, 박정규 역(2001), 《미디어의 이해》, 커뮤니케이션북스.

됨으로써 우리의 삶과 가치관에 일어난 변화를 생각해보면 금방 이해할 수 있습니다. 종이를 통해서 우리는 기록, 역사라는 개념을 알게 되었습니다. 또한 TV를 통해 동시성이라는 개념을 이해하게 되었고, 인터넷을 통해 본격적으로 정보의 시간적, 공간적 제약을 벗어날 수 있게 되었습니다.

따라서 미디어의 변화 흐름에 대한 지식은 BTL 플래닝에 적잖은 영향을 미칩니다. 예컨대 요즘 한창 이슈가 되고 있는 소셜 미디어(*social media*)에 대한 지식은 그것을 활용한 새로운 캠페인을 가능하게 합니다. 삼성의 '두근두근 4Tomorrow 캠페인'이 바로 그러한 예입니다(〈그림 5-3〉). 젊은이들의 가슴을 두근거리게 할 만한 감동적인 스토리를 4개의 뮤직비디오로 만들어 인터넷에서 노출하고 이것을 다시 모바일 음원으로 사용할 수 있도록 하여서 젊은 고객들이 소셜 미디어를 통해 서로 캠페인을 공유할 수 있도록 했습니다.

전략적 플래닝

그림 5-4 하우젠버블 버블마니아 편.

BTL을 미디어의 관점에서만 보는 것은 BTL을 반밖에 이해하지 못하는 것입니다. 가격 대비 효율이 높은 매체라거나 소비자를 직접적으로 만나서 설득할 수 있는 매체, 혹은 새롭고 다양한 기법을 적용할 수 있는 매체라는 것은 모두 맞는 말이지만 BTL은 단순히 거기에 머무르지 않습니다.

BTL은 크게 보아 마케팅 커뮤니케이션상의 문제를 해결할 수 있는 하나의 솔루션입니다. 따라서 단편적인 실행 아이디어를 기획하는 차원에서 벗어나 커뮤니케이션 목표에 부합하는 전략적 플래닝을 해야 합니다.

그림 5-5 앱솔루트 브랜디드어플 Drinkspiration 편.

예컨대 삼성 하우젠 버블 세탁기는 주부들이 드럼세탁기는 세탁시간이 길고 헹굼이 잘 되지 않는다는 막연한 선입견을 가지고 있어 광고 메시지를 잘 수용하지 않는다는 문제점을 발견하고 이를 해결하기 위해 주부 체험단을 모집했습니다(〈그림 5-4〉). 무려 100명의 주부 블로거로 이루어진 '하우젠 버블 마니아'는 세탁기를 직접 사용해보고 버블의 세탁력과 세탁시간을 확인한 다음 온라인 홍보활동을 펼쳤습니다. 6주 동안 이들이 올린 체험담은 80만 이상의 조회 수를 기록하는 큰 성과를 올렸습니다.

또한 체험수기 중 일부를 선별하여 《오늘은 버블하는 날》이라는 책자를 발간하기도 했습니다. 여기에는 인형 세탁법, 운동화 세탁법 등 드럼 세탁기로 빨기 어렵다고 믿고 있는 것들에 대한 세탁방법을 소개하여 드럼 세탁기에 대한 잘못된 인식을 바로 잡았습니다. 이 책자는 매장에도 구비하여 구입을 망설이는 고객에게 제품에 대한 올바른 정보를 제공하여 판매에도 큰 기여를 했습니다.

전략적 플래닝을 위해서는 ATL과 마찬가지로 BTL에서도 시장과 소비자에 대한 철저한 분석이 필요합니다.

보드카 앱솔루트(Absolut)는 아이폰 사용자들의 연령과 라이프 스타일, 니즈에 대한 분석을 토대로 아이폰용 브랜디드 어플을 개발했습니다. 'Drinkspiration'이라는 이 어플(〈그림 5-5〉)은 자신만의 스타일을 추구하는 아이폰 사용자들을 위해 자신의 취향, 심리 상태, 날씨, 시간대, 바의 분위기 등에 따라 개인화된 음료를 추천해줍니다. 또한 네트워킹을 좋아하는 그들을 위해 페이스북과 트위터를 통해 그 정보를 공유할 수 있도록 했습니다.

ATL과 BTL의 융합

BTL이 여러 가지 장점이 있는 것은 사실이지만, 브랜드 관리 차원에서 가장 효과적인 것은 ATL과 BTL의 전략적 융합입니다. 소비자가 브랜드를 만나는 모든 브랜드 접점을 관리한다는 IMC적 관점에서 BTL과 ATL을 연계시킬 필요가 있습니다.

이것은 단순한 크로스 미디어(*cross media*)가 아닙니다. 브랜드의 수준이나 브랜드의 목표, 소비자 구매행동 단계에 따라 ATL과 BTL의 툴들을 전략적으로 선택하고 과학적으로 융합하는 것입니다.

ATL을 통한 브랜드 인지도, 선호도 향상과 함께 BTL을 통한 브랜드 태도, 행동 변화를 가져올 수만 있다면 이것이 가장 이상적인 통합브랜드커뮤니케이션(*integrated brand communication*)입니다.

ATL과 BTL의 전략적 융합으로 캠페인을 성공으로 이끈 사례 중 하나가 바로 LG텔레콤 오즈의 '오주상사' 캠페인입니다. 오즈는 직장생활의 에피소드를 담은 5편의 시트콤을 제작하여 TV광고(〈그림 5-6〉)로 방영했습니다. 유머와 감동이 녹아있는 오주상사 영업2팀의 이야기는 사람들에게 큰 반향을 불러 일으켰습니다.

그림 5-6 오즈 TVCM 오주상사 편.

15초 광고에서 보여주지 못한 비하인드 스토리는 온라인을 통해 공개되었습니다. 사람들은 오주상사 홈페이지에 들어와 재미있는 스토리도 감상하고 영업 2팀 소개 페이지도 즐길 수 있었습니다. 영업 2팀 소개 페이지는 실제 회사 홈페이지와 같이 제작되어 마치 오주상사가 실제로 존재하는 회사인 듯한 착각을 하게 만들었습니다. 이 페이지에서는 OZ제품을 구경할 수도 있고 제품을 클릭하면 G마켓으로 바로 연결되어 실제로 구매할 수도 있습니다.

그림 5-7
오즈 모바일광고 오주 위젯 편.

또한 직장에서 간편하게 할 수 있는 코믹한 오주 체조를 모바일 버전(위젯)으로 제공했습니다(〈그림 5-7〉). 오주상사 영업 2팀의 캐릭터가 등장하는 이 플래시 애니메이션은 재미있을 뿐만 아니라 직장생활의 피로를 풀어주어 소비자들에게 브랜드 친숙성을 높일 수 있었습니다.

BTL에
크리에이티브
라고?

포스터 크리에이티브

포스터poster란
일정한 크기의 지면(紙面) 위에 원하는 내용을 담아 건물 벽면이나 특설 패널 등에 일정 기간 동안 붙여서 불특정 다수가 보도록 하는 광고를 말합니다. 어원은 기둥을 뜻하는 'post'이며 게시물을 기둥에 붙인 데서 유래했습니다. 게시 장소가 다양하고 장시간 부착될 뿐 아니라 보존 가치도 있어 전달매체로서 중요한 부분을 차지합니다. 크기는 매우 다양하지만 대개 4절~2절 정도입니다.

붙일 곳을 생각하라

어디엔가 붙인다고 한다면 붙일 곳의 특성을 잘 헤아려보는 것이 하나의 방법일 수 있습니다. 포스터의 내용뿐만 아니라 포스터를 붙이는 장소나 환경도 크리에이티브의 범위에 포함되는 것이죠.

붙일 곳의 특성에서 아이디어를 얻은 경우가 바로 〈그림 6-1-1〉입니다. 이 포스터는 반전(反戰) 단체 세계평화연합(Global Coalition for Peace)이 만든 반전 포스터로 둥근 기둥에 둘러 감아 붙이는 용도로 만들어졌습니다.

그림을 보면, 군인이 누군가에게 총을 겨누고 있습니다. 그런데 그 총구가 한 바퀴 돌아와서 결국 자신의 머리를 겨눕니다(첫 번째). 군인이 어딘가를 향해 수류탄을 던집니다. 그런데 그 수류탄이 한 바퀴 돌아와 결국 자신의 머리 위에 떨어집니다(두 번째). 탱크가 어딘가에 포를 겨눕니다. 그런데 그 포문(砲門)이 한 바퀴 돌아와서 결국 그 탱크를 겨눕니다(세 번째). 전투기가 미사일을 발사합니다. 그런데 그 미사일이 한 바퀴 돌아와 결국 그 전투기를 향해 돌진합니다(네 번째). 카피는 "What goes around, comes around"(간 대로 다시 돌아온다). 우리말로 하자면 '뿌린 대로 거둔다'입니다. 둥근 기둥에 포스터를 둘러 감아 붙이면 끝과 끝이 다시 만난다는 사실에서 아이디어를 얻은 훌륭한 포스터입니다.

우리는 흔히 포스터를 붙일 때 편편하고 매끄러운 곳을 골라서 붙입니다. 포스터를 제작할 때도 그러한 곳에 붙인다는 전제 아래 아이디어를 냅니다. 그러나 그렇지 않은 경우도 있습니다.

〈그림 6-1-2〉에서 보는 것과 같이 필립스는 포스터를 일부러 굴곡이 심하게 진 곳에 붙였습니다. 붙이는 작업도 쉽지 않았으리라는 짐작을 하게 만드

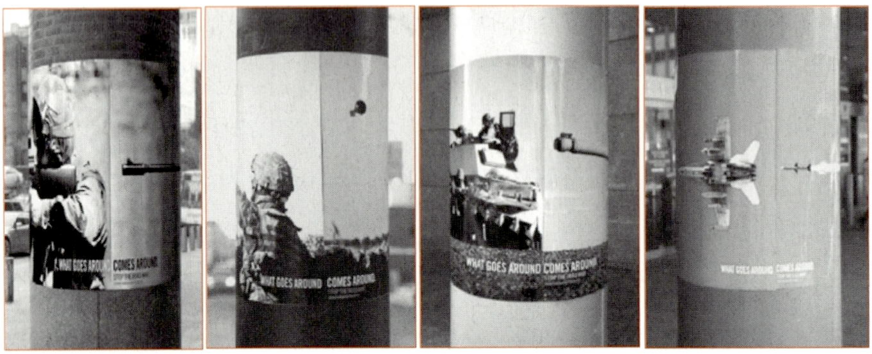

그림 6-1-1 Global Coalition for Peace 포스터 뿌린 대로 거둔다 편.

그림 6-1-2 필립스 포스터 울퉁불퉁벽 편.

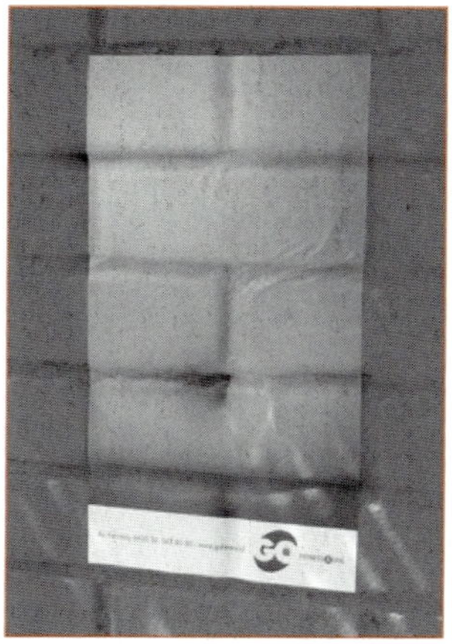

그림 6-1-3 GO 포스터 복근 편.

그림 6-1-4 Chester 동물원 포스터 기둥 편.

는 이 포스터들은 필립스 아키텍 면도기의 특성을 알리기 위한 것입니다. 아무리 굴곡진 곳, 심하게 패인 곳의 수염도 깨끗하고 완벽하게 깎인다는 것이죠. 그러한 특성을 강조하는 데 저 울퉁불퉁한 벽도 큰 몫을 하고 있죠?

피트니스 센터 고(GO)는 포스터를 올록볼록한 벽돌 벽에 붙였습니다(〈그림 6-1-3〉). 위의 필립스 포스터와 마찬가지로 이 포스터도 아예 처음부터 벽돌 벽에 붙일 것을 염두에 두고 만들어진 것입니다. 운동으로 다져진 남자의 탄탄한 복근을 강조하기 위해서죠. 요즘 식으로 말하자면 초콜릿 복근입니다. 카피는 'Fitness & Spa'(피트니스와 스파). 아주 간단합니다. 저렇게 완벽한 복근을 보여주는데 무슨 말이 더 필요하겠습니까?

도저히 포스터를 붙일 수 없을 것 같은 곳에 붙인 포스터도 있습니다. 영국의 체스터(Chester) 동물원은 가늘고 긴 원형기둥에 포스터를 붙였습니다(〈그림 6-1-4〉). 포스터 속에 등장하는 코끼리의 긴 코와 기린의 긴 목을 기둥과 연결시켜서 더 길게 부각시키기 위해서입니다. 헤드라인은 각각 "An elephant's trunk has over 40,000muscles"(코끼리의 코에는 4만 개 이상의 근육이 있습니다)(왼쪽), "A giraffe can grow up to 6metres tall"(기린은 6m까지 자랄 수 있습니다) (오른쪽). 기둥과 연결되어 더 길어 보이는 코끼리의 코와 기린의 목, 당장 동물원에 가서 확인하고 싶은 마음이 들죠?

멈추게 하라

그림 6-1-5
All-China Women's Federation 포스터 손잡이 편.

포스터를 보기 위해 그 장소로 오는 사람은 없습니다. 뭔가 다른 일을 하러 가는 길에 지나가면서 보게 되는 것이 바로 포스터입니다. 리플릿처럼 가지고 가서 볼 수도 없습니다. 따라서 포스터는 가던 발길을 멈추게 하는 것이 관건입니다. 멈추어야 내용을 볼 수 있고, 내용을 봐야 설득할 수 있기 때문입니다.

2008년 쇼핑몰에 들어가려던 중국 사람들은 깜짝 놀라 발걸음을 멈추어야 했습니다. 출입문을 열기 위해 손을 뻗었는데 그곳에 온통 멍투성이인 여성의 얼굴이 있었기 때문입니다(〈그림 6-1-5〉). 자신이 여성을 때린 꼴이 되어버린 것이죠. 깜짝 놀라 들여다보니 거기엔 다음과 같은 카피가 쓰여 있습니다.

> 30%에 가까운 중국 여성이 가정폭력을 당합니다. 만일 당신이 그것을 멈추게 돕지 않으면, 그녀의 문제를 키우게 되는 것과 같습니다. 폭력을 당하는 여성을 알면 12338로 전화하세요(Nearly 30% of women in China experience domestic violence. If you don't help to stop it, you're just adding to her problems. Call 12338 if you know a woman is being abused).

그림 6-1-6 American Academy of Cosmetic Surgery 포스터 버블랩 편.
그림 6-1-7 CLEAR 포스터 스티커 편.

중국 여성인권단체 전 중국 여성연합(All-China Women's Federation)이 만든 가정폭력 신고 캠페인 포스터였습니다. 폭력을 방조한 것도 폭력 못지않은 죄라는 생각이 들게 만들고 있습니다. 멈추기도 쉽지 않죠.

때로는 자신도 모르게 어느새 하고 있는 작은 버릇이 있습니다. 잘 멈추어지지도 않죠. 버블랩(*bubble wrap*)을 터트리는 버릇이 바로 그런 것일 겁니다.

미국 성형외과 학회(American Academy of Cosmetic Surgery)는 그런 버릇을 이용해서 포스터를 만들어 사람들의 발길을 잡고 한동안 자리를 뜨지 못하게 만들었습니다. 〈그림 6-1-6〉에서 보는 것처럼 인쇄된 여성의 얼굴에 버블랩이 씌워져있습니다. 지나가던 사람들이 다가가서 하나 둘 터트리기 시작합니다. 한번 시작하면 멈추기 쉽지 않은 것이 바로 버블랩! 한참 터트리고 있을 즈음 아래의 카피가 눈에 들어옵니다. "Don't pop it. Stop it"(터트리지 마세요. 그만하세요). 멈추고 싶어도 쉽게 멈추어지지 않는 여드름 짜는 버릇, 병원에 가서 해결하라는 뜻입니다.

위에서 말한 쉽게 멈추어지지 않는 버릇 중의 또 하나가 바로 스티커 떼는 버릇입니다. 떼어낸 자국이 남을 것을 알면서도 일단 붙어있는 것을 보면 떼지 않고는 못 배기게 되죠. 그런 버릇을 이용해서 사람들의 발길을 멈추게 한 광고가 바로 〈그림 6-1-7〉입니다. 클리어(CLEAR)라는 비듬방지 샴푸의 포스터인데요, 여자의 머리와 어깨에 마치 비듬처럼 보이는 하얀 스티커가 붙어 있습니다. 스티커를 떼서 보면 다음과 같은 카피가 적혀있습니다. "Remove to get 10% off CLEAR anti-dandruff shampoo"(떼어내서 클리어 비듬 방지 샴푸를 10% 할인 받으세요). 스티커가 아니었으면 저렇게 멈춰 서서 포스터를 보고 있었을까요?

고정관념을 뛰어넘어라

고정관념은 크리에이티브하는 사람들의 가장 큰 적입니다. 고정관념은 새로운 시각에서 사물을 바라보는 것을 막습니다. '○○는 당연히 ○○다' 라는 고정관념에 사로잡혀 있으면 '○○는 △△일 수도 있지 않을까?'하는 새로운 생각을 할 수 없습니다. 그렇게 되면 사람들에게 흥미를 주거나 긴장을 주기가 어렵고 결과적으로 관심을 얻을 수가 없습니다.

따라서 ATL이든 BTL이든 광고를 하는 사람들은 고정관념에서 벗어나 새로운 생각을 해야 합니다. 고정관념을 벗어난 그곳에 아이디어가 있습니다. 예컨대 포스터는 꼭 인쇄된 종이여야 한다는 고정관념에서 벗어나야 합니다. 포스터는 꼭 완성된 형태여야 한다는 생각도 버려야 합니다. 포스터는 종이가 아닌 다른 소재일 수도 있으며, 완성되지 않은 채 붙여져서 소비자들이 완성하도록 할 수도 있습니다.

브라질 세계야생동물기금(World Wildlife Fund)의 동물보호기금 모금 포스터가 바로 그런 예입니다(〈그림 6-1-8〉). WWF는 극장, 스포츠센터, 기업

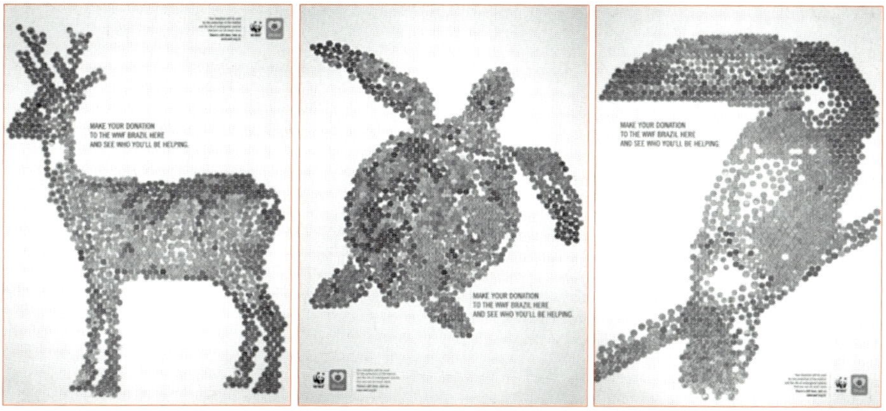

그림 6-1-8 WWF 포스터 동전 편.

회의장 등 사람들이 많이 모이는 곳에 마그네틱 판으로 된 포스터를 세워 놓았습니다. 처음에는 마그네틱 포스터가 무슨 내용인지 잘 알 수 없습니다. 그러나 사람들이 하나 둘 동전을 붙이기 시작하면 서서히 동물 모양이 나타납니다. 동전을 붙이면 붙일수록 사슴(왼쪽), 거북이(가운데), 딱따구리(오른쪽) 등 동물 모양이 뚜렷하게 살아납니다. 작은 동전들이 모여서 멸종 위기에 처한 동물을 살릴 수 있다는 것을 보여줍니다. 카피는 "Make your donation to the WWF Brazil here and see who you'll be helping"(여기 브라질 WWF에 기부하세요. 그리고 당신이 누구를 돕고 있는지 확인하세요). 자신의 손으로 직접 동물들을 살려내는 재미가 자연스럽게 기부를 이끌어내고 있습니다.

삐뚤어진 것은 잘못된 것이라는 고정관념도 버려야 합니다. 때로는 삐뚤어진 것이 더 많은 것을 말하기도 합니다. 대한항공의 '하늘을 보자' 캠페인 포스터가 바로 그런 예입니다(〈그림 6-1-9〉). 이 포스터의 모든 카피는 45° 사선으로 인쇄되어 있습니다. 왜 일까요? 카피가 수평이 되게 포스터를 붙이면 등장인물들의 시선은 저절로 하늘을 향하게 됩니다. '하늘을 보자'라는 캠페인 슬로건을 잘 표현한 것이죠. 포스터를 반드시 똑바로 붙여야 한다는 고정관념을 뛰어넘었기에 가능한 크리에이티브였습니다.

때로는 비우는 것이 더 많은 것을 표현하는 방법이 되기도 합니다. 2009년 캐주얼 브랜드 베이직하우스는 폴로셔츠 모양의 구멍이 크게 뚫린 포스터를 곳곳에 붙이는 게릴라 캠페인을 펼쳤습니다(〈그림 6-1-10〉). 붙이는 곳의 특성에 따라 폴로셔츠의 색상과 질감, 디자인이 다양하게 나타났습니다. 'Re-Polo' 캠페인이라고 불린 이 캠페인은 폴로셔츠의 색상과 모양이 다양하다는 것을 알리기 위한 것이었습니다.

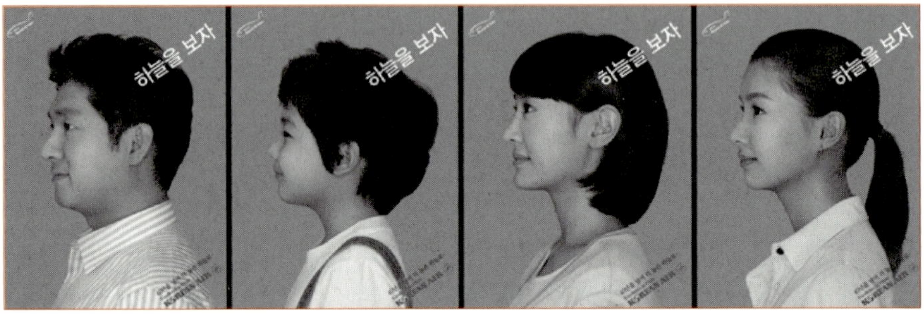

그림 6-1-9 대한항공 포스터 하늘을 보자 편.

그림 6-1-10 베이직하우스 포스터 Re-Polo 편.

붙이는 방법을 바꿔라

BTL의 장점 중 하나가 바로 미디어의 크기, 형태, 소재를 자유롭게 변화시킬 수 있다는 것입니다. 포스터를 붙이는 방법을 바꾸는 것도 여기에 속할 것입니다. 평면적인 포스터이지만 붙이는 방법에 따라 매우 다양한 효과를 낼 수 있습니다.

유니레버 렉소나(Rexona man) 데오도란트의 포스터(〈그림 6-1-11〉)는 붙이는 방법에 약간의 변화를 줌으로써 마치 연속되는 영상을 보는 듯한 효과를 연출하고 있습니다. 포스터의 아랫부분만 벽에 붙여서 윗부분이 앞으로 접혀 있습니다. 이를 본 사람은 접힌 부분을 펴서 다시 벽에 붙이려고 하겠죠? 이때 포스터가 펴지면서 나타난 여자는 마치 앞에 있는 사람의 겨드랑이에서 나는 냄새가 불쾌한 듯 얼굴을 찡그리고 있습니다. 데오도란트가 꼭 필요한 순간이죠.

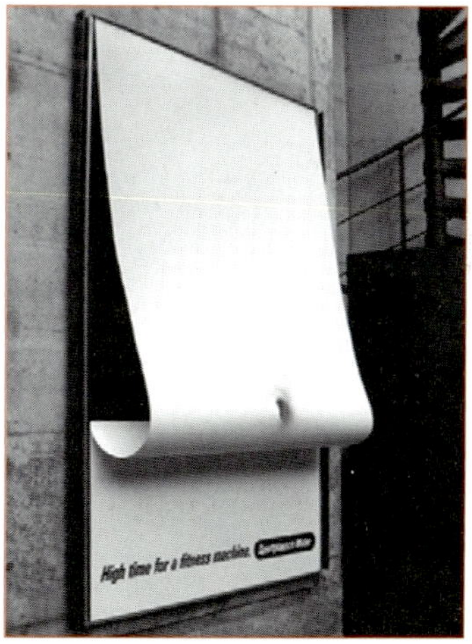

그림 6-1-11 Rexona man 포스터 겨드랑이 편.
그림 6-1-12 피트니스 센터 포스터 배 편.

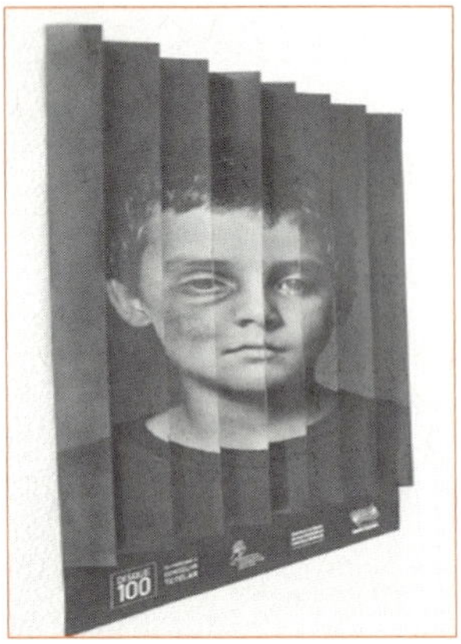

그림 6-1-13
SantaCatarina 포스터 bidirectional 편.

그림 6-1-14
panzani 포스터 파스타면 편.

이번엔 마치 배가 축 늘어져 접힌 것처럼 포스터의 가운데 부분이 축 늘어져 접혀있는 포스터입니다(〈그림 6-1-12〉). 남의 일 같지 않아 자신의 배를 슬쩍 내려다보게 만드는 포스터입니다. 아래쪽에 있는 카피는 이렇게 속삭입니다. "High time for a fitness machine"(피트니스 기계를 사용할 때예요). 저렇게 되기 전에 미리 미리 운동을 해서 몸을 관리해야겠다는 생각, 피트니스 기계를 하나 장만해야겠다는 생각이 절로 들게 만드는 포스터입니다.

붙이기에 따라서는 두 가지 서로 다른 모습이 보이도록 할 수도 있습니다. 입체 효과를 내는 것이죠. 〈그림 6-1-13〉은 브라질 산타카타리나(Santa Catarina) 주가 제작한 아동학대 근절 공익포스터입니다. 주름이 지게 붙여놓았기 때문에 보는 방향에 따라서 다른 모습이 보입니다. 한 쪽에서 보면 아이의 얼굴이 멀쩡해서 아무 일도 없는 것처럼 보입니다. 그러나 다른 쪽에서 보면 같은 아이의 얼굴에 멍과 상처가 나 있는 것을 볼 수 있습니다. 관심을 갖고 관찰하면 아동학대를 발견하고 막을 수 있다는 것을 전달하고 있습니다.

체코의 파스타 전문점 판자니(Panzani)는 포스터를 여러 가지 파스타 면 모양으로 붙였습니다. 〈그림 6-1-14〉에서 보는 것과 같이 위쪽은 스파게티 모양, 아래쪽은 파르펠리(*farfalle*) 모양입니다. 스파게티 면 하나하나에는 파스타 레시피를 볼 수 있는 회사 홈페이지 주소까지 적혀있습니다. 헤드라인은 "Do you know what's for lunch?"(오늘 점심엔 뭘 드실 건지 정하셨어요?). 포스터만 봐도 구미가 당기게 만드는 좋은 아이디어입니다.

소비자의 머릿속에 있는 것을 이용하라

공감이란 공통의 경험에서 비롯됩니다. 직·간접적 경험을 통해 소비자가 이미 알고 있는 것을 이용해서 광고를 만들면 그만큼 공감의 폭이 넓어집니다. 또한 따로 이해시킬 필요가 없기 때문에 그만큼 커뮤니케이션이 쉬워집니다.

우리에게 가장 익숙한 기호 중 하나가 바로 비상구 안내 표지일 것입니다. 〈그림 6-1-15〉를 보는 순간 우리는 바로 비상구 안내 표지를 떠올리게 됩니다. 그런데 뭔가 이상하죠? 비상구를 향해 뛰어가야 할 사람이 반대로 불을 향해 뛰어들고 있습니다. 자세히 보면 입에 담배를 물고 있는 것이 보입니다. 불이 났는데 담뱃불을 붙이고 있는 것입니다. 아래에는 이런 카피가 쓰여 있습니다. "Lucky Strike. Snost nichts"(럭키 스트라이크. 그것밖에 없어). 럭키 스트라이크를 피우기 위해서라면 어떤 것도 감수할 수 있다는 의미입니다. 죽음까지도.

그림 6-1-15
럭키 스트라이크 포스터 비상구 편.

그림 6-1-16
kpOchs 헤어숍 포스터 현상수배 편.

〈그림 6-1-16〉을 보면 떠오르는 것이 있죠? 바로 범죄자 수배 전단입니다. 독일의 케이피옥스 미용실(kpOchs hairdressers)은 포스터를 범죄자 수배 전단 모양으로 만들었습니다. 헤드라인은 "Who knows this person?"(누가 이 사람을 아십니까?) 수배범이 변장한 모습들도 보여줍니다. 그런데 변장한 모습이 모두 개성이 넘칩니다. 그 모습 위로 이런 카피가 쓰여 있습니다. "If you need a quick change… cut & go"(빠른 변화를 원한다면… 자르고 가세요). 범죄자의 변장을 이용해서 다양하고 빠른 헤어스타일 변화가 가능하다는 것을 표현하고 있습니다.

POP 크리에이티브

POPPoint of Purchase**란**

소비자가 구매를 하는 시점, 즉 매장의 선반이나 천정, 벽, 판매대 등에 노출되는 광고를 가리킵니다. 천정에서 늘어뜨리는 것은 행거(hanger), 선반이나 판매대에서 좌우로 움직이는 것은 댕글러(dangler)라고 합니다. 매장은 가장 중요한 소비자 접점입니다. 일반적으로 구매 결정의 약 70%가 매장 내에서 이루어진다고 합니다. 매장은 제품 구매뿐만 아니라 제품에 대한 정보 획득처로서도 중요한 역할을 합니다. 매장 내에서 정보를 전달하는 주요한 미디어가 바로 POP입니다.

현장에서 아이디어를 얻어라

화가들이 풍경화를 그릴 때, 서서 볼 때는 별 것 아닌 풍경이 앉아서 보면 완벽한 구도로 보일 때가 있다고 합니다. 생각과 실제는 많은 차이가 있다는 것을 보여주는 단적인 예입니다.

광고도 마찬가지입니다. 머릿속에서는 별 매력이 없는 아이디어도 현장에서는 빛을 발하는 수가 많습니다. 반대로 머릿속에서 생각할 때는 기가 막힌 아이디어도 현장에 가보면 별 힘을 발휘하지 못하는 경우도 많습니다.

따라서 POP 크리에이티브를 만들 때는 광고가 노출될 현장에 직접 가서 주변 상황을 보면서 아이디어를 구상하는 것이 좋습니다.

포스트 허니번치(Honey bunches)의 POP가 바로 그런 예입니다(〈그림 6-2-1〉). 슈퍼마켓의 딸기 판매대 바로 위에 천정걸이 POP를 설치했습니다. 대형 시리얼 박스가 아래를 향해 거꾸로 매달려 있는 모양입니다. 아래의 딸기 판매대에 쌓여있는 딸기가 마치 이 시리얼 박스에서 방금 우르르 쏟아진 것과 같은 착각을 하게 만듭니다. 카피는 "With real strawberries"(진짜 딸기가 들어있어요). 현장에 가보지 않고는 얻을 수 없는 아이디어입니다.

매장의 싱싱한 과일에서 얻은 또 하나의 아이디어를 볼까요? 먹음직한 과일들이 쌓여있는 한 슈퍼마켓의 과일 코너. 사과 판매대에도, 레몬 판매대에도, 오렌지 판매대에도 커다란 빨대가 꽂혀있습니다(〈그림 6-2-2〉). 바로 생과일주스 프루트 트리(Fruit Tree)의 POP입니다. 생과일로 만들었다는 것을 강조하기 위해서 생과일에 직접 빨대를 꽂은 것입니다.

때로는 현장에서 목격한 우연한 장면이 아이디어를 주는 경우도 있습니다. 폭스바겐 골프(Golf) GTI의 쇼핑몰 주차장 광고[1]가 바로 그것입니다(〈그림 6-2-3〉)에서 보는 것과 같이 주차장에 차들이 나란히 주차되어 있고 그 위로

그림 6-2-1
포스트 Honey bunches POP 딸기 편.

그림 6-2-2 Fruit Tree POP 빨대 편.
그림 6-2-3 폭스바겐 골프 GTI POP 버블 편.

1 주차장이 구매 시점은 아니지만 쇼핑몰에 들어가기 위해서 거쳐야 하는 곳이므로 POP의 범주에 포함시켰음.

버블 모양의 행거들이 달려있습니다. 버블 속의 카피는 "I wish I was a… NEW GTI"(내가 NEW GTI였으면…). 마치 그 많은 차들이 한결같이 NEW GTI를 부러워하는 것과 같은 느낌을 줍니다. 이 광고는 아마도 주차장에 차들이 나란히 주차된 것을 보고 이 차들이 모두 한결같은 생각을 한다면 얼마나 재미있을까 하는 생각에서 아이디어를 얻은 것으로 보입니다.

이성보다 감각을 이용하라

머리로 이해한 것보다 몸으로 느낀 것이 훨씬 인상 깊고 오래갑니다. 마치 오래 전에 예쁜 들꽃을 본 사람이 어디서 봤는지는 잊었어도 그 색깔과 향기는 기억하는 것과 같습니다. 따라서 소비자들을 머리로 이해시키려 하지 말고 감각적으로 느끼게 하는 것이 좋습니다.

환경보호단체 천연자원보호협의회(Natural Resources Defense Council)는 그런 면에서 아주 좋은 솔루션을 찾았습니다. 〈그림 6-2-4〉에서 보는 것과 같이 1회용 종이컵 표면에 세계지도가 그려져 있습니다. 뜨거운 커피를 담으면 세계도 뜨거워집니다. 지구 온난화를 상징하는 것이죠. 이 뜨거운 컵으로부터 손을 보호해주는 컵홀더에는 이런 카피가 쓰여 있습니다. "Protect yourself from global warming"(지구 온난화로부터 당신을 보호하세요). 지구 온난화에 대한 경고를 말로만 하는 것이 아니라 감각적으로 느끼게 하고 있습니다.

그림 6-2-4 Natural Resources Defense Council POP 종이컵 편.

그림 6-2-5
Otrivin Nasal Spray POP 꽃집 편.

2007년 코 막힘 치료제 오트리빈(Otrivin)은 “Smell the world again”(세상의 향기를 다시 느끼세요)이라는 캠페인을 벌였습니다. 꽃집, 향수 판매점, 커피숍, 잔디밭, 피트니스 센터, 공중화장실, 흡연실 등 특유의 냄새를 맡을 수 있는 장소에 위의 슬로건이 담긴 POP를 설치했습니다(〈그림 6-2-5〉). 코막힘 증상을 그다지 의식하지 못하고 살던 사람들도 이 캠페인을 계기로 자신의 무뎌진 후각에 대해서 다시 한 번 느끼게 되었고 오트리빈의 필요성도 함께 느끼게 됩니다.

일단 눈을 잡아라

POP는 고객이 매장을 들어와 정보를 습득하는 초기단계에 영향을 미치는 매체입니다. 일단 어떤 제품에 시선이 꽂히고 나면 광고보다는 판매원을 통해 보다 자세한 정보를 얻게 되기 때문입니다.

따라서 POP는 내용을 전달하는 것도 물론 중요하지만 고객의 시선을 잡는 것이 가장 중요합니다. 따라서 무슨 수를 써서라도 일단 눈부터 잡아놓고 그 다음 의미를 생각하게 만들어야 합니다.

그러나 눈을 잡는다는 것이 눈을 현란하게 만든다는 말은 아닙니다. 과유불급(過猶不及)[2]이라는 말이 있습니다. 카피를 너무 많이 넣는다거나 색을 너무 여러 가지 사용하는 것은 오히려 눈을 혼란하게 만들어서 집중력을 떨어뜨

2 지나치면 오히려 모자람만 못하다는 뜻.

립니다. 카피는 필요한 말만 쉽고 간단하게 쓰고 컬러는 되도록 3가지 이하로 제한하는 것이 좋습니다.

2009년 우리나라 녹색연합은 눈이 번쩍 뜨이는 광고 하나를 만들었습니다. 사무용품 매장의 복사용지 패키지에 "Buy 1 Get 1 Free"(1개를 사면 1개는 공짜)라는 내용의 POP를 붙인 것입니다(〈그림 6-2-6〉). 다시 말해 50% 할인이라는 말! 눈이 번쩍 뜨일 만큼 파격적인 가격이죠. 그러나 자세히 보니 1이라는 글자 안에 'side'라는 글자가 숨어있습니다. 즉 "Buy 1 side, Get 1 side Free"(1면을 사면 1면은 공짜). 복사지의 이면은 공짜로 사용할 수 있다는 말입니다. 그제야 옆에 있는 조그만 바디 카피가 보입니다. "That's longest promotion since paper was invented. Use both side"(이것은 종이가 발명된 이래 가장 오래된 프로모션입니다. 종이의 양면을 사용해 주세요). 현란한 그림이나 글씨로 눈을 잡는 것이 아니라 힘 있는 카피 한 줄로 눈을 잡는 훌륭한 광고입니다.

그림 6-2-6 녹색연합 POP Free 편.

고객의 행동과 연결하라

구매 시점에 있는 고객의 특징은 계속적으로 움직인다는 것입니다. 그들에게 어필하기 위해서는 먼저 매장 내에서 일어나는 일련의 고객 행동 프로세스를 이해해야 합니다. 고객의 행동과 동선은 아이디어의 좋은 소재가 됩니다.

아프리카 난민구호단체 피드 에스에이(Feed SA)는 슈퍼마켓 매장에서 카

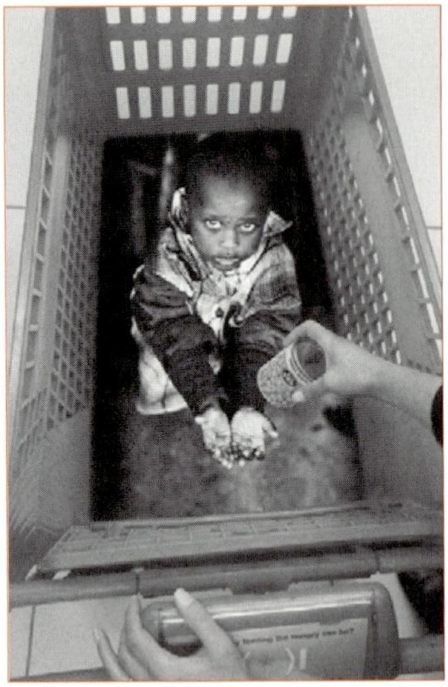

그림 6-2-7 Feed SA POP 손 편.

트에 상품을 담는 고객의 행동에서 아이디어를 얻었습니다. 쇼핑카트 바닥에 굶주린 아이가 손을 벌리고 있는 모습의 사진을 붙인 것입니다(〈그림 6-2-7〉). 고객이 쇼핑카트에 상품을 집어넣으면, 곧 그 상품은 아이의 손으로 들어가는 셈이 됩니다. 쇼핑카트 손잡이 앞에는 이런 카피가 쓰여 있습니다. "See how easy feeding the hungry can be?"(배고픈 아이를 먹이는 것이 얼마나 쉬운지 보셨죠?). 아이의 손에서 상품을 빼내 계산하면서 고객들은 하나쯤 기부를 하지 않을 수 없을 것입니다.

코드를 넣어라

소비자가 구매 시점에 있다는 것을 명심할 필요가 있습니다. 구매 시점에 있다는 것은 바로 행동으로 옮길 수 있다는 말입니다. 광고에 어떤 식으로든 충동 코드를 넣어서 즉각적으로 행동하게 만들어야 합니다.

들뜬 기분을 이용하라

쇼핑할 때 소비자는 조금 들떠 있습니다. 뭔가 새로운 것을 받아들일 마음의 준비가 되어있다는 말입니다. 이때 재치가 느껴지는 아이디어와 카피로 그들의 마음을 사로잡는다면 구매 확률이 더 높아질 것입니다.

다른 제품을 미디어로 이용하라

그림 6-2-8 타운젠트 POP 드라이클리닝 편.

BTL은 미디어의 제한이 없습니다. 소비자의 눈이 닿는 곳에 있는 것이라면 무엇이든 미디어로 활용할 수 있습니다. 심지어 다른 제품까지 미디어로 활용하기도 합니다. 구매 의사가 없어서 정보 탐색조차 하지 않는 소비자들에게는 그들이 관심 있어 할 만한 곳에 제품이나 광고를 노출시켜 놓는 것밖에 방법이 없기 때문입니다.

남성 정장 브랜드 타운젠트는 가정의 달 5월을 맞이하여 'Thanks Festival'을 진행하면서 드라이클리닝이 끝난 옷 안에 드라이클리닝 쿠폰 교환권을 넣었습니다(〈그림 6-2-8〉). 쿠폰 교환권을 가지고 타운젠트 매장을 방문하면 1만 원권 드라이클리닝 쿠폰을 증정한다는 것입니다. 드라이클리닝을 맡기는 고객은 타운젠트의 잠재고객이라고 할 수 있습니다. 이들에게 매장 방문을 유도하여 제품을 만날 기회를 만들어 주는 좋은 캠페인이었습니다.

특정 제품의 형태가 POP 아이디어를 제공하기도 합니다. 주방용 칼 트라몬티나(Tramontina)는 시판되는 책의 옆면에 광고를 실었습니다(〈그림 6-2-

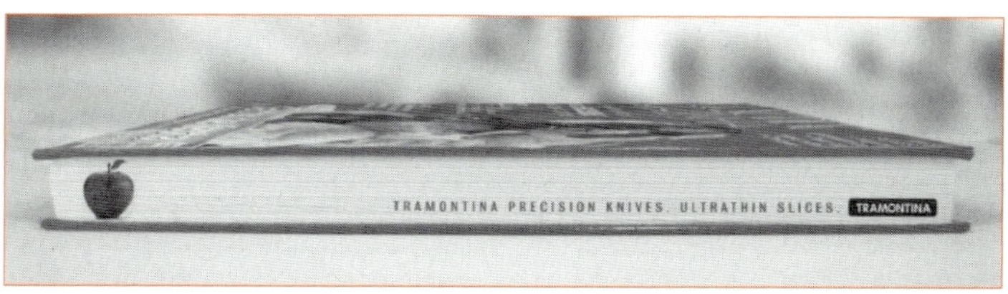

그림 6-2-9 Tramontina POP 책 편.

9〉). 책장을 넘기면 사과가 칼로 썰린 듯 얇게 갈라집니다. 카피는 "Tramontina precision knives. Ultrathin slices"(트라몬티나 정밀 칼. 아주 얇게 썰림). 책장만큼 얇게 썰린다는 것을 강조하기 위해 책 옆면에 광고한 것입니다.

고객과 소통하라

그림 6-2-10 나이키 POP 김연아 편.

ATL이든 BTL이든 광고는 커뮤니케이션입니다. 커뮤니케이션은 곧 소통입니다. 소통이 되어야 태도 변화도 있을 수 있고 구매행동도 있을 수 있습니다. 따라서 소비자와 소통을 원활하게 할 수 있는 방법을 찾는 것이 곧 좋은 아이디어를 찾는 방법입니다.

나이키는 피겨스케이팅 세계 챔피언 김연아와 소통하고 싶어 하는 소비자의 마음을 POP에 반영했습니다(〈그림 6-2-10〉). 나이키 매장 안에 설치된 디지털 광고판에는 '아이스링크의 요정' 김연아가 연습하는 모습이 보입니다. 소비자가 다가가 화면에 손바닥을 대면 연습을 하고 있던 김연아가 스크린 앞으로 다가와 손바닥을 마주 댑니다. 얼굴을 만질 수 있을 만큼 가까운 거리에서 김연아가 속삭입니다. "제 열정이 느껴지세요?" 소비자들은 마치 김연아와 마주보고 대화를 하는 듯한 느낌을 받을 수 있었습니다.

빌보드 크리에이티브

빌보드billboard란

거리나 도로 변에 세운 대형 광고판을 말합니다. 야립(野立) 간판이라고도 합니다. 페인트로 도장한 경우 페인티드 불리틴(painted bulletin), 여러 장으로 인쇄된 시트를 이어 붙인 경우 포스터 패널(poster panel)이라고 합니다.

주변 환경을 끌어들여라

맥캔에릭슨(McCann-Erickson)의 수석 부사장을 지낸 잭 아로제티(Jack Arogeti)는 미디어가 바로 아이디어라고 지적했습니다. 미디어 속에 이미 아이디어가 포함되어 있다는 말입니다.

빌보드가 세워질 곳을 잘 살펴보고 주변 환경을 잘 둘러보면 아이디어의 소재가 될 수 있는 것들이 얼마든지 있습니다. 빌보드를 둘러싸고 있는 모든 것을 광고로 끌어들여 활용하십시오.

미국천연자원보호협회(NRDC)는 환경오염 방지 공익 빌보드를 만들면서 그것이 부착될 건물의 구조까지 아이디어에 포함시켰습니다. 빌보드에는 커다란 총이 그려져 있는데 그 총은 건물 옥상의 굴뚝과 시각적으로 연결되어 있습니다. 멀리서 보면 마치 굴뚝이 총구처럼 보입니다(〈그림 6-3-1〉). 오염 물질이 나오는 굴뚝을 사람을 죽이는 무기로 묘사한 것입니다. 카피는 다음과 같습니다. “Air pollution kills 60, 000people a year”(대기오염은 해마다 6만 명을 죽입니다).

그림 6-3-1
미국천연자원보호협회 빌보드 총 편.

그림 6-3-2 Midea 빌보드 하이통 편.

해당 건물뿐 아니라 옆 건물까지 빌보드로 끌어들인 예도 있습니다. 팬 제조업체 메이디(Midea)는 그로테스크하게 휘어진 건물로 유명한 상하이 하이통 빌딩을 이용했습니다(〈그림 6-3-2〉). 하이통 빌딩 바로 옆 빌딩에 "POWERFUL FAN"(강한 팬)이라는 카피와 커다란 팬 사진이 있는 빌보드를 부착해서 마치 하이통 빌딩이 그 팬의 바람 때문에 휘어진 것처럼 보이게 했습니다.

시간에 따라 변화하는 아름다운 자연의 모습도 빌보드에 이용되었습니다. 염색약 브랜드 콜레스톤(Koleston Naturals)은 해안 도로변에 빌보드를 설치하면서 그림 속 여자의 머리카락 부분을 뚫어 놓았습니다(〈그림 6-3-3〉). 계절과 시간의 변화에 따라 여자의 머리카락은 아름다운 색깔로 변합니다. 일출 때는 금발, 일몰 때는 빨간 머리, 밤에는 흑발. 카피가 없어도 천연 성분이라는 컨셉이 잘 전달되고 있습니다.

빌보드 위를 환하게 비추는 태양. 크리에이터는 그것도 놓치지 않았습니다. 썬칩의 빌보드(〈그림 6-3-4〉)에는 'SUNCHIPS'라는 글자가 크고 선명하게 드러나 있습니다. 그러나 이 글자는 인쇄된 것이 아니라 태양에 의해 생긴 그림자입니다. 아래의 카피를 보면 왜 그림자로 글자를 만들었는지 알게 됩니다. "Sunchips made with the help of solar energy"(태양 에너지의 도움으로 만들어진 썬칩). 말로만이 아니라 직접 눈으로 컨셉을 확인할 수 있는 훌륭한 아이디어입니다.

앞에서 말한 아이디어는 태양이 빛을 발할 때만 그 진가를 발휘합니다. 그러나 태양이 빛을 잃었을 때도 진가를 잃지 않는 아이디어도 있습니다. 〈그림 6-3-5〉는 세계적인 해충 방역 전문회사 렌투킬(Rentokil)의 빌보드입니다. 바퀴벌레 한 마리를 보여주면서 "There's never just one"(절대 한 마리가 아닙니다)라고 말합니다. 사람들의 의문은 밤이 되자 바로 풀립니다. 특수 잉크로

그림 6-3-3 Koleston Naturals 빌보드 바닷가 편.

그림 6-3-4 썬칩 빌보드 그림자 편.

그림 6-3-5 Rentokil 빌보드 야광 편.

그림 6-3-6 Papakura시 빌보드 피 편.

인쇄되어 햇빛 아래에서는 보이지 않던 바퀴벌레들이 가로등 조명 아래에서는 보이기 시작한 것입니다. 카피는 "If they get in, get us in"(그들이 들어가면 우리를 불러주세요). 햇빛의 성질을 드라마틱하게 이용하고 있습니다.

흔히 우천은 옥외광고에 방해가 된다고 생각하기 쉽지만, 잘만 이용하면 비가 옥외광고에 도움을 줄 수도 있습니다. 뉴질랜드 오클랜드 파파쿠라(Papakura) 시가 세운 교통사고 방지 캠페인 빌보드는 비만 오면 사람들을 섬뜩하게 합니다(〈그림 6-3-6〉). 맑은 날에는 해맑던 아이의 얼굴이 비만 오면 온통 피범벅이 되기 때문입니다. 빌보드에 숨겨둔 잉크가 비에 녹아서 흘러내리는 것입니다. 카피는 "Rain changes everything. Please drive to the conditions"(비가 오면 모든 것이 바뀝니다. 기상 조건에 따라 운전하세요). 필요한 타이밍에 운전자의 경각심을 일깨우는 훌륭한 아이디어입니다.

역발상을 하라

사람들의 눈은 습관에 길들여져 있습니다. 눈에 익숙한 것들은 존재 자체도 모르고 지나치는 경우가 많습니다. 따라서 사람들의 눈에 띄기 위해서는 익숙한 것, 습관적인 것에서 벗어나야 합니다. 역(逆)으로 생각해 볼 필요가 있다는 말입니다.

빌보드를 만들 때 우리는 거기에 무엇을 채워 넣을까 고민을 합니다. 이것을 넣을까? 저것을 넣을까? 뭔가로 채울 궁리만 합니다. 그러나 파이낸셜 타임즈(*Financial Times*)는 반대였습니다. 빌보드를 비워놓는 것으로 광고를 대신했습니다. 빌보드에는 광고를 떼어낸 흔적만 지저분하게 남아있습니다(〈그림 6-3-7〉).

왜 일까요? 한쪽 구석에 있는 카피가 답을 말해주고 있습니다. "Global downturn. What's the 1st mistake businesses make?"(세계적인 경기침체.

그림 6-3-7 파이낸셜 타임즈 빌보드 빈광고판 편.

그림 6-3-8 Lowe's 빌보드 절반 편.

사업을 할 때 가장 저지르기 쉬운 실수가 무엇일까요?). 경기침체 때 광고비를 줄이는 것이 가장 큰 실수라는 것을 전달하기 위해서 광고판을 비워둔 것입니다. 아시다시피 〈파이낸셜 타임즈〉는 신문 광고 미디어사입니다. 불황일수록 광고비를 늘려야 한다는 것을 광고주들에게 일깨워주기 위해 광고판을 텅 비워놓는 역발상을 감행한 것입니다.

빌보드를 꼭 완성해야 되는 건 아니라는 발칙한 역발상도 우리의 주의를 끕니다. 로스(Lowe's) DIY 인테리어 제품 할인점은 빌보드를 반만 완성하고 나머지 반은 철골이 드러난 채로 그대로 두었습니다(〈그림 6-3-8〉). 카피는 "Unfinished Project? Everyday low prices guaranteed"(채 못 끝낸 프로젝트? 언제나 최저가격을 보장합니다). 가격이 절반이라는 것을 강조하기 위해 빌보드의 반을 비워놓은 것입니다.

돈은 귀한 것이기 때문에 함부로 다뤄서는 안 된다. 이것이 보통 사람들의 생각입니다. 그런데 그러한 생각을 통쾌하게 뒤집은 광고가 있습니다. 짐바브웨 신문의 빌보드입니다(〈그림 6-3-9〉). 빌보드는 온통 지폐로 도배되어 있습니다. 무슨 일일까요?

2008년 8월 짐바브웨 정부는 100억 짐바브웨달러를 1짐바브웨달러로 변

그림 6-3-9 짐바브웨신문 빌보드 지폐 편.

그림 6-3-10 로레알 빌보드 차양 편.

경하는 화폐 개혁을 단행했습니다. 말하자면 100억 원이 하루아침에 1원이 된 것입니다. 그렇지 않아도 물가상승률 연 10만%라는 최악의 인플레이션으로 굶주림에 시달리고 있던 짐바브웨 국민들은 하루아침에 빈털터리가 되었습니다. 나라를 이 지경으로 만든 무가베 정권을 고발하기 위해 짐바브웨 신문은 휴짓조각이 된 1짐바브웨달러로 광고판을 도배한 것입니다. 카피에 담긴 역설까지 완벽합니다. "Thanks to Mugabe this money is wallpaper"(무가베 대통령 고마워요. 지폐로 벽보를 다 만들었네요).

빌보드는 세우는 것이라는 생각도 뒤집혔습니다. 자외선 차단제 로레알 가르니에(GARNIER)는 빌보드를 눕혀서 지붕처럼 만들었습니다(〈그림 6-3-10〉). 카피는 "Protect you from the sun"(태양으로부터 당신을 보호하세요). 빌보드가 햇빛을 차단해 주는 것처럼 자외선 차단제 가르니에가 햇빛을 차단해 준다는 것을 강조하기 위해서입니다.

키 카피를 창조하라

빌보드는 가까이에서 보는 미디어가 아닙니다. 가만히 서서 보는 미디어도 아닙니다. 오랜 시간 보는 미디어도 또한 아닙니다. 그저 멀리서, 지나가면서, 잠깐 보는 미디어입니다. 그러니까 구체적인 메시지 전달은 어렵다고 봐야 합니다. 그림과 큰 글씨 몇 자만 본다고 생각하면 됩니다. 따라서 빌보드의 카피는 키 카피만 간단하게 들어가야 합니다. 단어 하나하나를 세는 기분으로 써야 합니다.

독일의 로또는 어떤 키 카피를 선택했을까요? 〈그림 6-3-11〉을 봅시다. 흙손을 손에 들고 벽돌을 쌓던 노동자, 로또 덕분에 시가를 손에 들고 금괴를 쌓고 있습니다. 분무기로 바퀴벌레를 겨누던 노동자, 로또 덕분에 골프채로 골프공을 겨누고 있습니다. 로또에 당첨되면 누구든 이렇게 인생이 바뀔 수 있다는 것을 "Alles is moglich"(모두가 할 수 있습니다) 라는 키 카피에 담고 있습니다.

그림 6-3-11 로또 빌보드 비교 편.

숫자를 이용하라

숫자는 사람들의 눈을 끄는 힘이 있습니다. 오래전 대중가요 중에 '대전발 0시 50분'이라는 제목의 가요가 있습니다. 이 제목을 들으면 사람들은 자연히 '왜 자정도 아니고, 새벽 1시도 아니고, 하필 0시 50분일까?'라는 호기심을 갖게 됩니다. 노래의 내용보다 노래의 제목이 더 유명하게 된 이유입니다.

또한 구체적인 숫자를 들어 말하면 커뮤니케이션이 쉽고 명확해집니다. 예컨대 '비가 올 수도 있다'라고 하는 것보다 '비 올 확률이 30%다'라고 하는 것이 더 쉽고 명확합니다.

그림 6-3-12
Elm Grove 경찰서 빌보드 숫자 편.

숫자를 이용하면 과속방지 공익광고도 달라집니다. 미국 위스콘신 주 엘름 그로브(Elm Grove) 경찰서는 도로변에 과속방지 공익 빌보드를 세웠는데 숫자를 이용해서 위협적이지 않으면서도 뜻을 정확하게 전달하고 있습니다.

〈그림 6-3-12〉에서 보는 것과 같이 자동차 주행속도를 나타내는 숫자 옆에 그 속도가 가져올 수 있는 불행한 결과를 나타내는 숫자를 써 놓았습니다. '시속 42km - 범칙금 4만 2천 달러', '시속 30km - 충돌 확률 30%', '시속 46km - 입원 46일'. 과속이 죽음을 부른다거나 처벌을 받을 수 있다고 위협적으로 말하는 것보다 훨씬 더 설득력이 있습니다.

3차원으로 생각하라

일반적으로 빌보드 하면 평면, 즉 2차원으로 생각하기 쉽습니다. 그러나 빌보드는 가로, 세로만 있는 것이 아니라 높이도 있습니다. 3차원으로 생각해 볼 필요가 있다는 말입니다.

DHL은 빌보드를 입체형 미로로 만들어서 눈길을 끌었습니다(〈그림 6-3-13〉). 꼬불꼬불한 미로 위로 DHL을 상징하는 빨간색 볼이 민첩하게 움직입니다. A지점에서 B지점까지 빠르고 정확하게 도착한 볼은 다시 출발 지점으로 돌아가 미로를 따라 빠르게 움직입니다. 카피는 "Always the right way. DHL"(언제나 정확한 길. DHL). 보는 재미와 함께 컨셉을 명확하게 전달하고 있습니다.

높이의 차원뿐만 아니라 깊이의 차원도 생각해 볼 수 있습니다. 벤츠의 화물차 메르세데스 스프린터(Mercedes Sprinter)는 빌보드의 화물칸 부분을 오려내고 그 뒤에 진짜 차량의 화물칸을 붙였습니다(〈그림 6-3-14〉). 고객들은 넓고 깊은 화물 적재공간을 눈으로 직접 확인할 수 있었습니다.

영국의 뉴스채널 BBC World는 건물 앞면과 옆면의 빌보드를 연결하여 새로운 모양의 빌보드를 만들었습니다(〈그림 6-3-15〉). 앞에서 보면 옆면은 보이지 않고 옆에서 보면 앞면은 보이지 않습니다. 중간쯤 서야 양면이 모두 보입니다. 카피는 "See both sides of the story"(사건의 양면을 모두 보세

그림 6-3-13 DHL 빌보드 미로 편.

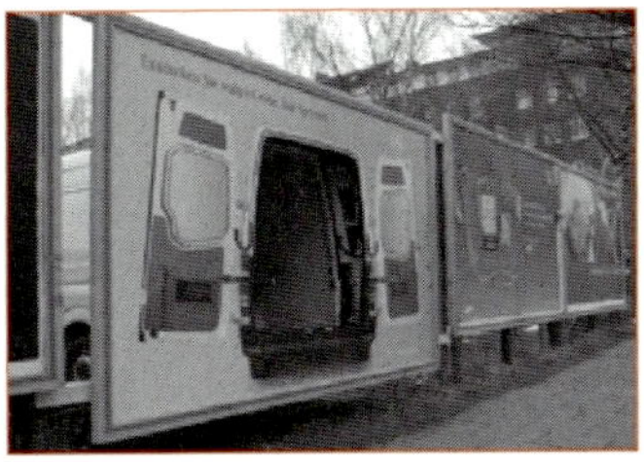

그림 6-3-14 Mercedes Sprinter 빌보드 화물칸 편.

그림 6-3-15 BBCWorld 빌보드 양면 편.

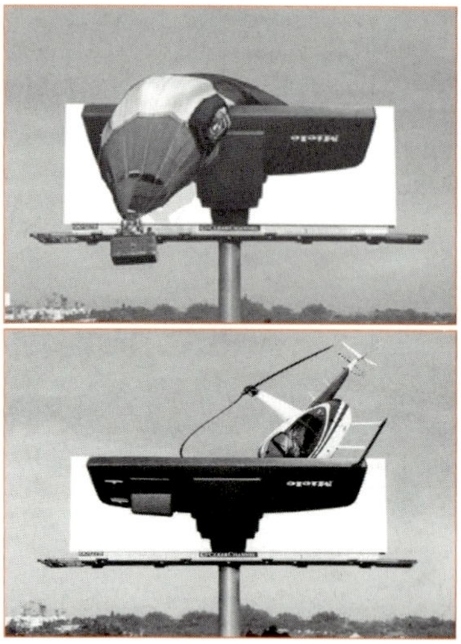

그림 6-3-17
BMW M3 빌보드 반사 편.

그림 6-3-16
밀레 빌보드 추락 편.

요). 사건을 어느 한 쪽의 입장만이 아니라 다른 쪽의 입장에서도 다루기 때문에 독자가 객관적으로 세상을 바라볼 수 있음을 나타내고 있습니다.

미술에 설치미술이 있듯이 빌보드에서도 새로운 배열과 결합방식을 생각해 볼 수 있습니다. 〈그림 6-3-16〉에서 보는 것과 같이 밀레(Mile)는 실제 헬리콥터와 기구를 빌보드 위에 붙여 놓았습니다. 빌보드에는 밀레 청소기의 헤드 부분이 크게 그려져 있고, 빌보드의 받침대는 마치 청소기의 대처럼 보이게 했습니다. 멀리서 보면 밀레 청소기의 강력한 흡입력 때문에 날아가던 헬리콥터와 기구가 하늘에서 떨어진 것처럼 보입니다. 청소기의 강력한 흡입력을 효과적으로 전달하고 있습니다.

BMW 3 시리즈 중에 M3라는 고성능 스포츠카가 있습니다. M3는 그 놀라운 속도와 마력을 충격적으로 표현하기 위해 광고가 노출된 곳의 바닥까지 활용했습니다. 〈그림 6-3-17〉에서 보는 것처럼 광고 자체에는 알 수 없는 글자가 쓰여 있습니다. 그러나 바닥에 비추어진 그림자와 합쳐보면 "EXCEED MAXIMUM"(한계를 넘어섰다) 라는 카피가 선명하게 드러납니다. "EXCEED"

라는 글자의 시각적 대칭성을 이용한 아이디어입니다. 카피처럼 한계를 넘어선 훌륭한 크리에이티브입니다.

이동을 생각하라

빌보드는 실내가 아니라 거리나 도로변에 세워집니다. 그러니까 걸어가거나 차를 타고 지나가면서 보는 미디어입니다. 가고 있다는 점을 이용하면 새로운 아이디어를 얻을 수 있습니다.

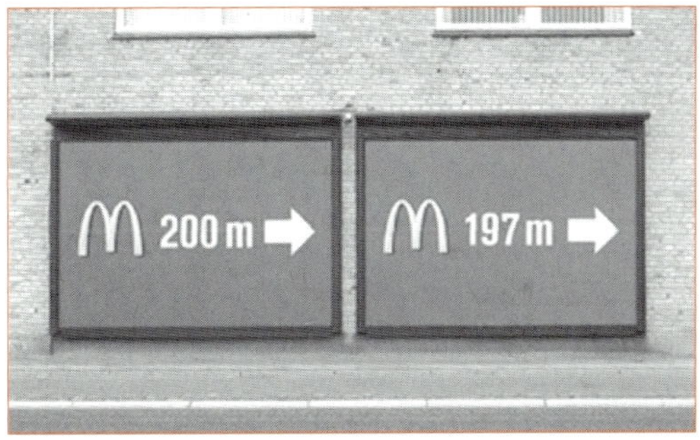

그림 6-3-18 맥도날드 빌보드 3m 편.

맥도날드의 심플하면서도 재치 있는 빌보드(〈그림 6-3-18〉)를 보겠습니다. 똑같은 빌보드가 두 개 나란히 붙어 있습니다. 음식점 광고에 음식은 없고 숫자만 달랑 적혀있습니다. 하나는 '200m', 또 하나는 '197m'. 이 숫자들의 의미는 걸어가면서 봐야 알 수 있습니다. 화살표 방향으로 걸을 때 첫 번째 빌보드엔 200m, 두 번째 빌보드엔 197m. 빌보드 하나를 지나가는 사이 벌써 3미터가 지났다는 뜻입니다. 그러니까 맥도날드 매장까지의 거리 200미터는 생각보다 가깝다는 것이지요.

독일의 유명 란제리 숍 블러쉬(Blush)는 좀더 화끈한 방법으로 매장까지 가는 길을 안내합니다. 매장에서 300미터 떨어진 곳에 드레스를 잘 차려 입은 여인의 모습을 담은 광고판이 세워져 있습니다. 광고판의 화살표가 가리키는 방향으로 따라가다 보면 〈그림 6-3-19〉에서 보는 것과 같이 그 여인이 스타킹을 벗고 있는 모습과 함께 매장까지 100미터가 남았음을 가리키는 광

그림 6-3-19 blush 빌보드 옷벗기 편.

고판을 만날 수 있고, 다시 화살표를 따라가다 보면 이번에는 그 여인이 브레지어를 벗고 있는 모습과 함께 매장까지 50미터가 남았음을 가리키는 광고판을 만날 수 있습니다. 그리고 매장의 바로 앞, 즉 5미터 전방에는 팬티 하나만 달랑 걸치고 있는 여인의 모습과 매장을 가리키는 화살표가 그려진 광고판이 있습니다. 호기심에 눈을 떼지 못하고 매장까지 오게 만드는 기발한 아이디어입니다.

이번엔 차를 타고 이동하는 사람을 위한 빌보드입니다. 호주의 공항과 도심을 연결하는 공항철도 에어트레인(Airtrain)은 빌보드에 퍼즐을 넣었습니다. 〈그림 6-3-20〉에서 보는 것과 같이 스도쿠,[3] 크로스워드, 미로 찾기 퍼즐이 빌보드에 그려져 있습니다. 과연 길거리에서 한가하게 빌보드에 그려진 퍼즐을 맞추고 있는 사람이 있을까요? 정답은 '있습니다'. 바로 교통체증 때문에 오도 가도 못하고 멍하니 차 안에 앉아있는 사람입니다. 그래서 카피는 말합니다. "Traffic slow enough to solve this? Catch the train"(이 문제를 풀

3 일본에서 개발된 퍼즐게임. 스도쿠는 '숫자가 겹치지 않아야 한다' 또는 '한 자릿수'라는 뜻. 게임 방법은 가로와 세로 9칸씩 모두 81칸으로 이루어진 정사각형의 가로줄과 세로줄에 각각 1에서 9까지 숫자를 한 번씩만 써서 채움.

수 있을 정도로 교통이 막히세요? 그럼 기차를 타세요). 짜증나는 교통 체증이 없는 공항철도의 장점을 명쾌하게 전달하고 있습니다.

그럼 교통 흐름이 빠른 곳에서는 어떤 빌보드를 보여주는 것이 좋을까요? 아리엘(Ariel)이 그 모범답안을 보여줍니다. 운전자는 차를 타고 지나가면서 2개의 빌보드를 보게 됩니다(〈그림 6-3-21〉). 새하얀 셔츠를 보여주는 커다란 빌보드. 그리고 그 바로 앞에 세워진 검은 얼룩 모양의 작은 빌보드. 멀리서 봤을 때는 셔츠와 얼룩이 겹쳐 보이고 점점 다가갈수록 얼룩은 옆으로 비껴나가다가 마침내 가까이서 봤을 때는 얼룩과 셔츠는 완전히 분리되어 보입니다. 마치 셔츠에 묻은 얼룩이 제거되는 느낌이죠. 빠르게 달릴수록 얼룩이 더 빨리 제거되는 것처럼 느껴집니다. 카피는 "comes out this fast"(빨리 빠집니다). 움직이는 사람의 시선 변화까지 고려하여 만든 수작입니다.

그림 6-3-20 Airtrain 빌보드 퍼즐 편.

그림 6-3-21 아리엘 빌보드 스팟 편.

소비자를 끌어들여라

그림 6-3-22 제임스 레디 빌보드 공유 편.

만일 높은 빌딩의 빌보드에 여러분의 모습이 나온다면 여러분은 어떤 기분일까요? 아마도 기쁜 정도를 넘어서 감격스럽기까지 할 것입니다. 지방 소도시의 빌보드에는 간혹 개인의 사랑고백 메시지가 게시되곤 하는데 바로 그런 감정을 고려한 것일 겁니다.

빌보드에 소비자를 참여시키는 것은 그들과 감정적으로 교류할 수 있는 좋은 방법입니다. 감정은 이성보다 강하고 오래갑니다.

저가 맥주 제임스 레디(James Ready)는 빌보드에 다음과 같은 광고를 실었습니다.

> Help keep James Ready a buck. Share our billboard. Make us an offer at JAMESREADY.COM(제임스 레디가 1달러를 유지할 수 있게 도와주세요. 우리 빌보드를 빌려 써주세요. JAMESREADY.COM에서 제안해주세요)(〈그림 6-3-22〉).

제임스 레디는 아시다시피 1달러짜리 저가 맥주입니다. 1달러의 낮은 가격을 계속 유지할 수 있도록 소비자들에게 빌보드의 일부를 구매해달라는 말입니다. 빌보드는 얼마 안 가서 소비자들이 JAMESREADY.COM에 올린 다양한 사연과 사진들로 채워졌습니다. 그 사진 아래에는 소비자의 실명과 함께 1달러를 유지할 수 있게 도움을 줘서 고맙다는 메시지를 넣었습니다. 소비자들은 광고 모델로 데뷔하는 감격을 누렸을 뿐 아니라 자신이 제임스 레디의 후원자가 된 듯한 기분까지 맛볼 수 있었습니다.

캠페인 아이디어를 내라

그림 6-3-23 Panamericana Escola de Arte è Design 빌보드 ×편.

아이디어를 하나의 미디어에 한정시킬 필요는 없습니다. 미디어에 관계없이 소비자의 마음을 움직일 수 있는 빅 아이디어를 내고, 그것을 전달하는 데 필요한 미디어를 선택, 조합하면 됩니다. 이런 것이 바로 여러 미디어를 커버하는 캠페인 아이디어입니다.

판아메리카 아트 스쿨(Panamericana Escola de Arte è Design)은 ×를 이용해 사람들의 창의력을 이끌어낸다는 빅 아이디어를 냈습니다. 우선 사람들이 많이 모인 장소에 대형 캔버스를 설치했습니다(〈그림 6-3-23〉). 거기에는 수많은 ×가 그려져 있습니다. "How far does your creativity go?"(당신의 창의력은 어디까지입니까?)라는 헤드라인으로 사람들에게 ×를 이용한 그림을 자유롭게 그려보게 했습니다.

카페나 레스토랑에서는 ×가 새겨진 티셔츠를 나누어주고 각자의 개성과 아이디어가 담긴 '나만의 티셔츠'를 디자인해 보도록 했습니다. 또한 거리에서는 ×가 그려진 작은 엽서를 나누어주고 자신의 창의력을 직접 테스트해 보도록 했습니다. 이렇게 자신의 창의력을 테스트해 봄으로써 숨어있던 창의력을 발견해 결국 그림에 관심을 갖게 한다는 아이디어가 일련의 캠페인을 낳았습니다.

사람의 심리를 이용하라

프로이트(Sigmund Freud)에 따르면 사람의 행동은 대부분 무의식적 동기에서 비롯됩니다. 4 논리로 설득하거나 우격다짐으로 주장하는 것보다는 무의식적인 동기와 심리를 자극하여 스스로 행동하게 만드는 것이 훨씬 더 현명하고 효과적인 방법입니다.

뭔가 볼록볼록 튀어나온 것을 보면 자신도 모르게 터트리고 싶은 충동이 생기죠? 니베아는 그런 사람들의 심리를 이용해서 광고를 만들었습니다(〈그림 6-3-24〉). 사람들이 많이 모인 곳에 대형 광고판을 설치하고 전면에 버블랩을 씌워놓았습니다. 사람들이 하나 둘 모여들어 버블랩을 터트립니다. 터트리다 보면 광고판에 쓰인 이런 카피를 읽게 됩니다. "Reduce the bump. Good-bye Cellulite"(혹은 터트리고~ 셀룰라이트는 날려버리고~). 셀룰라이트란 여성의 피하에 쌓이는 지방덩어리입니다. 버블랩을 터트리듯이 셀룰라이트를 없애라는 뜻입니다.

그림 6-3-24 니베아 빌보드 버블랩 편.

4 Mannoni, Octave(1981), *Freud*, 고영석 역(1981), 《프로이트》, 행림출판사.

지하철 크리에이티브

지하철 광고란

지하철 내부, 외부, 역사에 노출되는 광고를 가리킵니다. 내부에는 액자 광고, 천정걸이 광고, 모서리 광고, 스티커 등이 있습니다. 승객이 지하철을 타고 가면서 자연스럽게 시선을 주기 때문에 주목률이 높습니다. 외부에는 랩핑 광고, 외부 부착형 광고가 있습니다. 넓은 광고 면을 활용할 수 있다는 이점이 있습니다. 역사에는 와이드칼라, 포스터, 스크린 도어 광고, 디지털 기술을 이용한 디지털 사이니지(digital signage), 승강장 전체를 광고로 장식하는 역사 랩핑 광고 등이 있습니다. 유동인구가 많아서 노출 빈도가 높다는 것이 장점입니다. 최근에는 차량 내 · 외부 전체를 광고로 장식하는 브랜드 트레인, 차량은 물론 역의 모든 공간을 광고로 점령하는 '역 점거'(eki-jack) 광고가 주목 받고 있습니다. 이러한 광고들은 실제 그 장소에 있는 사람만이 느낄 수 있는 색다른 경험을 제공한다는 특징이 있습니다.

공간의 특성을 활용하라

새로운 것을 만들어 내기보다는 있는 것을 잘 활용하는 것이 더 쉽고 현명한 방법입니다. 지하철 역 안에는 많은 시설물들이 있습니다. 지하공간에는 별달리 볼거리가 없기 때문에 승객들은 자연스럽게 이러한 시설물들에 시선을 주게 됩니다. 따라서 이러한 시설물들을 잘 활용하면 높은 광고효과를 거둘 수 있습니다.

지하철 플랫폼에 들어서면 대번에 눈에 띄는 것이 바로 노란색 안전선입니다. 원더브라(Wonderbra)는 이 안전선을 이용해서 기발한 광고를 만들었습니다. 기존 안전선의 한 걸음 뒤에 또 하나의 안전선을 그려놓고 거기에 '원더브라'라고 써놓은 것입니다(〈그림 6-4-1〉). 무슨 뜻일까요?

그림 6-4-1
원더브라 지하철광고 안전선 편.

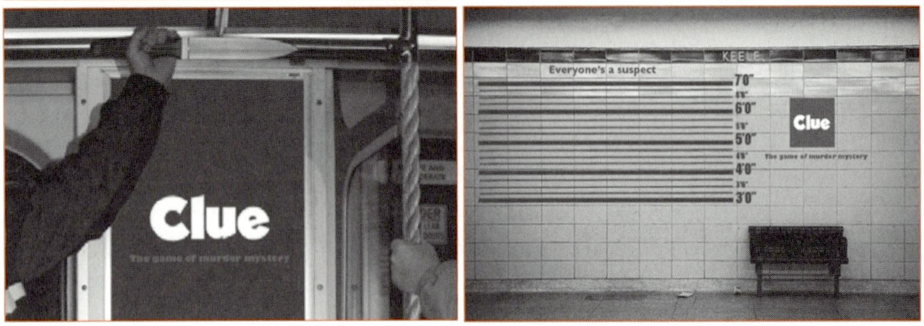

그림 6-4-2 Clue 지하철광고 손잡이 편, 벽 편.

처음에는 잘 알 수 없지만 그 앞에 여성이 서 있는 것을 보면 금방 깨닫게 됩니다. 바로 원더브라를 착용하면 가슴이 봉긋해지기 때문에 안전거리가 그만큼 더 필요하다는 뜻입니다. 특징적 시설물을 재치 있게 활용한 사례입니다.

지하철 안팎에서 승객들이 취하는 행동에서 아이디어를 가져온 경우도 있습니다. 미스터리 보드 게임 클루(Clue)는 지하철 내부의 손잡이를 칼처럼 만들었습니다(〈그림 6-4-2〉). 무심결에 손잡이를 잡은 사람은 마치 자신이 칼을 들고 누군가를 위협하는 꼴이 되어버립니다. 손잡이 바로 아래 액자 광고에는 이런 카피가 쓰여 있습니다. "The game of murder mystery"(살인 미스터리 게임). 얼떨결에 승객은 미스터리 게임에 한 발 들여놓게 된 것입니다.

클루는 또한 지하철 승강장의 벽에 키를 표시하는 눈금을 만들어 놓았습

그림 6-4-3 SOS Kinderdörfer 지하철 광고 무빙워크 편.

그림 6-4-4 곤지암리조트 지하철 광고 리프트 편.

그림 6-4-5 이케아 지하철 광고 소파 편.

니다. 아무 생각 없이 그 앞에 선 사람은 마치 범죄 용의자가 되어 키를 재고 있는 꼴이 되어버립니다. 벽에는 이런 카피가 쓰여 있습니다. "Everyone's a suspect"(모든 사람은 용의자다). 어쩔 수 없이 미스터리 게임에 끌려들어가게 된 것이죠.

독일의 아동구호단체 SOS-Kinderdörfer는 사람들이 무빙워크 손잡이를 꼭 잡는 것을 눈여겨보았습니다. 그리고 손잡이에 아이들이 손을 내밀고 있는 사진을 랩핑했습니다(〈그림 6-4-3〉). 습관적으로 무빙워크 손잡이를 잡은 사람은 자신이 귀여운 아이들의 손을 잡고 있는 것을 발견하게 됩니다. "Taking a child by the hand"(아이들의 손을 잡아주세요) 라는 카피와 함께. 이미 아이의 손을 잡고 있는 사람들은 그 손을 뿌리칠 수가 없겠죠?

곤지암리조트는 지하철 플랫폼의 대기 의자를 마치 리프트처럼 보이게 만들었습니다(〈그림 6-4-4〉). 의자에 앉은 사람은 마치 스키장에서 리프트를 타는 듯한 기분이 됩니다. 앉자마자 바로 스키장, 즉 서울에서 매우 가깝다는 것을 표현하기 위해서입니다. '강남에서 40분, 여유롭게 즐기자'라는 헤드라인이 그것을 확인시켜 주고 있습니다.

이번에는 플랫폼 대기 의자를 소파처럼 꾸민 케이스입니다. 세계적인 가구업체 이케아(IKEA)는 파리 주요 지하철역 플랫폼을 마치 가정집 거실처럼

그림 6-4-6
ADA 지하철 광고 에베레스트 편.

꾸몄습니다(〈그림 6-4-5〉). 화사한 꽃무늬 소파와 아기자기한 인테리어 소품으로 삭막하기 그지없던 플랫폼이 아늑한 거실처럼 변했습니다. 이걸 본 승객들도 자기집 거실을 저렇게 꾸미고 싶어지겠죠? 그렇다면 이케아는 목표를 달성한 거죠.

거의 매일 오르내리는 지하철 계단. 미국 장애자협회(American Disability Association)는 그것도 그냥 지나치지 않았습니다. 가파른 계단에 에베레스트 산 사진을 랩핑했습니다(〈그림 6-4-6〉). 카피는 "For some, It's Mt. Everest. Help build more handicap facilities"(어떤 사람에게는 이것이 에베레스트 산일 수도 있습니다. 장애자 시설을 더 많이 설치할 수 있게 도와주세요). 비장애인이 오르기에도 벅찬 계단, 장애자들이 오르기 위해서는 시설이 필요하겠구나 하는 생각이 절로 들게 만드는 효과적인 광고입니다.

빨리 고객을 골라내라

사람들은 하루에 약 1,500개의 광고에 노출됩니다.[5] 물론 이 많은 광고를 다 볼 수는 없습니다. 자신과 별 관계가 없다고 생각되는 광고는 그냥 지나치고, 자신과 관련 있는 광고만 선별적으로 보게 됩니다. 이것을 심리학에서는 '선별

---

5 Higgins, Dennis(2003), *The Art of Writing Advertising*, 이현우 역(2003), 《광고 글쓰기의 아트》, 북코리아.

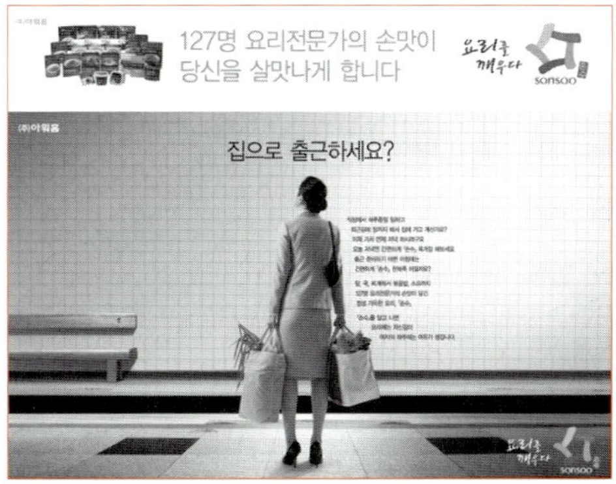

그림 6-4-7
손수 지하철 광고 퇴근 편.

적 지각'(*selective perception*)[6]이라고 합니다. 따라서 목표로 하는 소비자가 자신을 위한 광고임을 빨리 알아차릴 수 있도록 확실한 신호를 보내야 합니다.

지하철을 이용하는 사람들은 어떤 사람들일까요? 아침 7시쯤에는 바삐 출근하는 직장인이 대부분일 것이고, 오전 10시쯤에는 느긋하게 출근하는 자영업자가 많을 것입니다. 오후 2시쯤에는 식구들 없는 사이 쇼핑하러 가는 주부들이 많을 것이고, 오후 7시 무렵에는 서둘러 귀가하는 남녀 직장인이 다수일 것입니다.

식품 브랜드 손수는 서둘러 귀가하는 맞벌이 주부들에게 보내는 메시지를 지하철 스크린 도어 광고에 담았습니다(〈그림 6-4-7〉). 헤드라인은 "집으로 출근하세요?" 바디 카피는 다음과 같습니다.

> 직장에서 하루 종일 일하고 퇴근길에 장까지 봐서 집에 가고 계신가요? 이제 가서 언제 저녁 하시려구요. 오늘 저녁엔 간편하게 '손수' 육개장 해보세요.

지친 몸으로 바삐 저녁 준비를 해야 하는 맞벌이 주부에게 간편한 저녁식사 준비방법을 제안하고 있습니다. 솔깃하지 않을 수 있을까요?

---

6 김창원(2000), 《인터넷 마케팅》, 학문사.

넓은 면적을 살려라

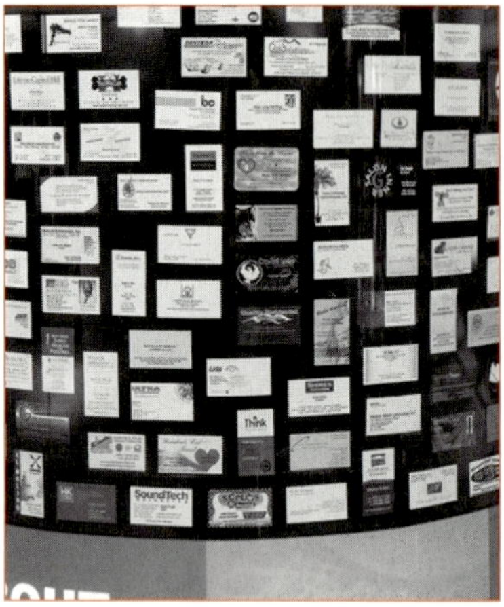

그림 6-4-8 1st Bank 지하철 광고 명함 편.

지하철 광고는 대체로 광고 면적이 넓습니다. 실제 면적으로 따지자면 빌보드가 더 넓은 것이 사실이지만, 빌보드는 멀리서 보기 때문에 넓은 면적을 제대로 활용할 수가 없습니다.

지하철 광고는 가까이에서 아주 세부적인 것까지 모두 볼 수 있기 때문에 넓은 면적을 얼마든지 활용할 수 있습니다.

미국 은행 퍼스트뱅크(1st Bank)는 지하철 역사 기둥의 넓은 면적을 제대로 활용했습니다. 기둥을 빙 둘러서 수백 개의 명함을 붙여놓은 것입니다(〈그림 6-4-8〉). 모두 소규모 사업자들의 실제 명함입니다. 카피는 "We care about small business"(우리는 소규모 사업자들을 우대합니다). 빽빽이 들어찬 명함들이 카피를 더욱 신뢰성 있게 하고 있습니다.

불러 세워라

지하철 광고에서는 흔히 유동인구라는 말을 사용합니다. 유동(流動)이란 흘러간다는 말입니다. 흘러가는 사람을 불러 세우기 위해서는 특별한 아이디어가 필요합니다. 예컨대 사람의 오감을 자극하는 장치를 광고 속에 배치해서 지나가는 사람의 주의를 끌거나 반응을 유도하는 방법이 있습니다.

2005년 펩시(Pepsi)는 젊은 고객들의 호기심을 자극하는 지하철 광고를 선보였습니다. 액자 광고에 "Exclusive music. We got it. You want it"(당

그림 6-4-9 펩시 지하철 광고 이어폰 편.
그림 6-4-10 하우젠 아삭 지하철 광고 소리 편.

신이 원하는 특별한 음악)이라는 카피와 함께 동그란 구멍이 있습니다(〈그림 6-4-9〉). 이 구멍에 MP3 이어폰을 꽂으면 펩시에서 제작한 독특한 음악이 약 30초간 흘러나옵니다. 이 음악은 듣는 사람의 식욕을 자극하여 펩시를 마시고 싶게 만듭니다. 아마도 이 음악을 들은 사람은 지하철에서 내리자마자 펩시를 구매하게 될 것입니다.

하우젠 아삭 김치 냉장고는 청각을 자극하는 광고로 사람들을 불러 세웠습니다. 〈그림 6-4-10〉에서 보는 것과 같이 겉으로 보기에는 평범한 지하철 와이드칼라처럼 보입니다. 하지만 사람들이 그 앞을 지나가면 센서가 작동하여 '아삭~아삭~'이라는 소리를 냅니다. 동시에 홈 바 부분의 조명도 깜빡 깜빡거립니다. 지나가던 사람들은 자신에게 말을 거는 듯한 이 신기한 광고에 가까이 다가가서 귀를 기울이게 됩니다.

우리는 어디서건 거울이 있으면 한 번쯤 자기 모습을 비춰보게 됩니다. 옷매무새를 가다듬기도 하고 얼굴을 매만지기도 합니다. 하이모는 사람들의 그런 습관을 이용했습니다. 지하철 와이드칼라 광고에 거울을 달아서 지나가는 사람들이 자기 모습을 비춰보게 했습니다(〈그림 6-4-11〉). 거울 옆에

그림 6-4-11 하이모 지하철 광고 거울 편.

그림 6-4-12 롯데월드 지하철 광고 할로윈파티 편.

는 이런 카피가 쓰여 있습니다. "지금의 당신 모습, 하이모로 바꿔보세요. 젊음도, 스타일도, 인생도 달라집니다." 만일 거울에 비춰진 자신의 모습이 썩 만족스럽지 않다면 이 카피대로 바꿔볼 마음이 들지 않을까요? 광고에는 여러 가지 스타일의 가발이 소개되어 있습니다.

거울을 활용한 또 하나의 광고. 롯데월드는 할로윈 데이(*halloween day*)[7]를 맞이하여 근처 지하철역의 스크린 도어에 거울을 설치하고 그 위에 할로윈 파티 복장을 그려놓았습니다(〈그림 6-4-12〉). 사람들이 거울에 자신의 모습을 비추면 마치 파티 복장을 입은 것처럼 보입니다. 롯데월드에서 열리는 할로윈 파티에 가고 싶은 마음을 부추기기 위해서입니다.

이번에는 시각과 청각을 동시에 자극하는 광고를 하나 보겠습니다. 니콘(Nikon) 카메라 광고입니다. 지하철역 안에 레드 카펫이 깔려 있고 그 앞에 와이드칼라 광고(〈그림 6-4-13〉)가 있습니다. 아무도 없을 때 광고 속의 카

7 성인(聖人)의 날 대축일(11월 1일) 전날 밤의 행사. 오늘날에는 어린이들의 축제로 자리 잡았다. 학교에서는 가장(假裝) 파티가 열리고, 밤에는 도깨비 · 마녀 · 해적 등으로 가장한 어린이들이 집집마다 다니며 '과자를 주지 않으면 장난을 치겠다'(*Trick or Treat*)고 으름장을 놓아 초콜릿과 캔디를 얻어 간다. 할로윈의 상징물인 잭 오랜턴(Jack O'Lantern)은 속을 도려낸 큰 호박에 악마의 얼굴을 새기고 그 안에 초를 켜놓은 것.

메라맨들은 그저 카메라를 들고 서 있을 뿐입니다. 그러나 누군가 레드 카펫을 밟고 그 앞을 지나가면 광고 속 카메라맨들은 일제히 카메라 플래시를 터트립니다. 찰칵 찰칵 하는 소리와 함께. 지나가던 사람은 마치 자신이 유명인사가 된 것과 같은 기분을 느끼게 됩니다.

그림 6-4-13 니콘 지하철 광고 플래시 편.

이용객의 행동을 파악하라

지하철 광고를 한다면 지하철에서의 승객 행동을 자세히 관찰하고 이해할 필요가 있습니다. 지하철에서만 일어날 수 있는 에피소드 혹은 지하철 승객 특유의 행동을 이용한다면 더욱 공감 가는 광고를 만들 수 있을 것입니다.

혹시 지하철에서 신문을 볼 때 옆사람에게 피해를 줄까봐 신문을 반으로 접어서 보거나 양팔을 잔뜩 오므리고 본 적이 있으세요? 정말 불편하죠.

신문도 마음 놓고 읽지 못하는 지하철 내에서의 상황을 오즈는 광고에 이용했습니다. 한 남자가 사람들 틈에 끼여 아주 조그만 신문을 읽고 있습니다(〈그림 6-4-14〉). 물론 실제로 저렇게 조그만 신문은 없습니다. 저렇게 조그만 신문이 있었으면 좋겠다

그림 6-4-14 오즈 지하철 광고 출퇴근길 편.

그림 6-4-15 삼성전자 지하철 광고 아버지의 눈물 편.

그림 6-4-16 Bergmann 지하철 광고 자살 편.

는 의미겠죠. 카피는 말합니다. "갑갑한 출퇴근길 지하철, 하지만 나에겐 오즈가 있다." 퇴근길에 신문 보면서 옆 사람에게 폐 끼치지 말고 오즈로 모바일 뉴스를 보라는 말입니다. 〈그림 6-4-14〉는 같은 상황에서 노트북을 사용하는 사람의 어려움을 표현한 것입니다.

두 줄로 나뉘어 길게 줄을 서 있는 승객들의 모습. 지하철을 기다릴 때 흔히 볼 수 있는 풍경입니다. 삼성전자는 그러한 풍경을 놓치지 않았습니다. 각각의 줄 앞에 있는 스크린 도어 위에 'ㅇ'와 '×' 표시를 했습니다(〈그림 6-4-15〉). 그리고 그 사이 다음과 같은 문장을 써놓았습니다. "나는 아버지의 눈물을 본 적이 있다." 마치 ㅇ× 퀴즈의 문제와 같습니다. 그러고 보니 줄을 서 있는 사람들은 마치 답 아래 모여 있는 사람들처럼 보입니다. 보는 사람으로 하여금 '나는 어느 쪽일까?' 생각해보게 만드는 광고입니다. 삼성전자 '또 하나의 가족' 캠페인을 위한 지하철 스크린도어 광고입니다.

베를린의 장례서비스 회사 버그만(Bergmann)은 지하철 플랫폼에서 선로를 향해 서 있는 고객의 자세에서 힌트를 얻었습니다. 〈그림 6-4-16〉에서 보는 것과 같이 광고에는 단 한 줄의 카피만 쓰여 있습니다. 내용은 "Come a little closer"(조금만 더 다가오세요). 죽음과 브랜드를 재치 있게 연결시키는 재미있는 광고입니다.

버스 광고 크리에이티브

버스 광고란
버스 내부, 버스 외부의 몸체, 버스정류장 등에 노출되는 광고를 가리킵니다. 버스 내부에는 버스 좌석 광고, 모서리 광고, 출입문 광고 등이 있고, 외부에는 버스 바디 광고가 있습니다. 버스정류장에는 셸터 광고가 있습니다.

시선의 방향을 생각하라

완전하지는 않지만 버스는 직육면체입니다. 따라서 보는 각도에 따라서 보이는 면이 다릅니다. 사실 지하철도 마찬가지이긴 하지만 지하철은 고정된 철로 위를 움직이기 때문에 보이는 면이 한정되어 있어 그 점을 고려할 필요가 없습니다. 그러나 버스는 사방이 탁 트인 곳에서 운행되므로 옆, 뒤, 앞, 위 등 다양한 각도에서 볼 수 있다는 것을 충분히 고려하여 광고를 만들 필요가 있습니다.

버스의 지붕을 보는 사람은 과연 어떤 사람들일까요? 고층 빌딩에서 근무하는 사람들 혹은 옥상에서 아래를 내려다보는 사람들일 것입니다. 구직 사이트 캐리어빌더(Careerbuilder)는 옥상에서 아래를 내려다보는 사람들을 위해 버스 지붕에 광고를 실었습니다. 카피는 "Don't jump. careerbuilder.com"(뛰어내리지 마세요. careerbuilder.com이 있잖아요)(〈그림 6-5-1〉). 누구를 위해 하는 광고인지 금방 아시겠죠? 일자리를 찾지 못해 비관한 나머지

그림 6-5-1 careerbuilder.com 버스광고 뛰어내리지 마세요 편.
그림 6-5-2 weightwatchers 버스광고 뒷모습 편.

옥상에서 뛰어내리려 하는 사람들을 위한 광고입니다.

고층 빌딩에서 근무하는 사람들을 위한 버스 지붕 광고도 있습니다. 시사 경제지 〈이코노미스트〉(*The Economist*)는 고층에서 근무하는 독자들을 위해 다음과 같은 카피의 광고를 버스 지붕에 실었습니다. "고위층에 계신 모든 독자 여러분! 안녕하세요!" 고층에서 근무하는 사람들이라면 자신을 고위층이라고 불러주는 이 광고에 특별한 애정을 느끼지 않을까요?

이번엔 버스를 뒤에서 바라볼 때를 염두에 두고 만든 광고입니다. 스위스의 다이어트 제품 및 프로그램 서비스업체인 웨이트워처스(WeightWatchers)는 버스 뒷면에 광고를 랩핑했는데, 〈그림 6-5-2〉에서 보는 것과 같이 한 쪽으로 약간 기울게 붙였습니다. 언뜻 보면 버스가 한 쪽으로 기운 것처럼 보입니다. 왜 그랬을까요? 기울어진 쪽에는 다이어트가 필요할 듯해 보이는 여성이 앉아있습니다. 더 말이 필요 없겠죠?

미디어의 형태를 이용하라

미디어의 형태는 주어진 조건입니다. 일종의 제한이라고 할 수 있죠. 그러나 그것을 잘만 활용하면 오히려 개성 있는 크리에이티브를 창조할 수 있습니다.

길거리에서 지폐가 가득 담긴 유리상자를 봤다면 여러분은 어떻게 하시겠습니까? 들고 뛰겠죠. 그런데 그 유리상자가 바닥에 고정되어 있는 것이라면? 유리를 깬 후 돈을 들고 뛰겠죠.

3M은 사람들의 이런 심리를 광고에 이용했습니다. 유리로 된 버스정류장 셸터 안에 지폐 3백만 달러를 넣어놓은 것입니다(〈그림 6-5-3〉). 바로 눈앞에 보이는 주인 없는 돈 3백만 달러. 누구나 유리를 깨고 가져가고 싶겠죠. 그러나 이 돈은 한 푼도 없어지지 않았습니다. 왜냐고요? 이 유리는 3M 강화 유리이기 때문입니다. 강화 유리의 위력을 가감 없이 표현한 대담한 광고입니다.

눈앞에서 뭔가가 자꾸 줄어들면 자기도 모르게 조바심이 생기겠죠? 그런 심리를 이용한 광고가 바로 〈그림 6-5-4〉입니다. 유리 셸터 안에 가득 찬 원두는 날마다 차츰 줄어듭니다. 카피는 "Free coffee form April 20th… until

그림 6-5-3 3M 강화유리 버스정류장 광고 지폐 편.

그림 6-5-4 맥도날드 버스정류장 광고 원두 편.

그림 6-5-5 이케아 버스정류장 광고 부엌정리 편.

May 3rd"(무료 커피 4월 20일부터… 5월 3일까지). 맥도날드 무료 커피 캠페인의 남은 기간을 알려주는 광고입니다.

이번엔 유리 셸터 안에 부엌살림들이 마구 뒤섞여 있습니다(〈그림 6-5-5〉). 이걸 본 사람들의 반응은 두 가지입니다. 하나는 눈살을 찌푸리며 고개를 돌리는 것. 또 하나는 자기 집의 어지러운 부엌을 떠올리는 것. 후자에 속한 사람들은 이렇게 생각합니다. '부엌 정리를 하긴 해야 되는데 엄두가 나지 않아서…' 이런 사람들에게 광고는 말합니다. "부엌을 정리하는 데 많은 시간이 필요하지는 않습니다." 카피 아래에는 부엌을 깔끔하게 정리하는 데 필요한 아이디어 소품들이 소개되어 있습니다.

셸터의 크기를 이용한 광고(〈그림 6-5-6〉)도 있습니다. 프랑스 아베 피에르 재단(Abbe Pierre Foundation)은 거주지 개선 기부 캠페인을 벌이면서 버스정류장 셸터의 크기를 이용했습니다. 셸터 안에는 딱 셸터만 한 크기의 방에 앉아있는 중년 남자의 사진이 있습니다. 사진에는 이렇게 쓰여 있습니다. "6m² is enough to wait for the bus. but to live in?"(6m²는 버스를 기다리기에는 충분한 공간입니다. 그러나 살기에도 그럴까요?). 셸터의 좁은 면적을 이용해 소외된 계층의 사람들이 얼마나 좁은 공간에서 열악하게 살고 있는지 여실히 전달하고 있습니다.

이 캠페인은 지하철 와이드칼라와 주차장 바닥에도 노출되었습니다. 지하철 와이드칼라 안에는 딱 와이드칼라만 한 크기의 방에 5명의 가족이 살림살이와 함께 엉켜서 살고 있는 모습이 보입니다. 카피는 이렇게 말합니다. "12m² is right for a billboard. But for a family?"(12m²는 광고판에는 딱 맞습니다. 그러나 가족에게도 그럴까요?).

또한 자동차 한 대가 겨우 들어갈 만한 주차면적 안에는 딱 그 크기만 한 집이 그려져 있습니다. 그 집 안에는 옴짝달싹 하지 못하고 웅크려서 자고 있는 젊은 남자의 모습이 보입니다. 그림에는 이렇게 쓰여 있습니다. "7m² is

그림 6-5-6 Abbe Pierre Foundation 옥외광고 공간 편.

the size of a parking space. For thousand of people it's the size of their home"($7m^2$는 주차공간의 크기입니다. 수천 명의 사람들에게 그것은 집의 크기입니다).

착시를 이용하라

시각에 관해서 생기는 착각을 착시(錯視)라고 합니다. 자극적이긴 하지만 단순히 착각에 불과하기 때문에 아무런 부담 없이 시도해 볼 수 있다는 장점이 있습니다.

달리는 트럭에 사람이 위태롭게 매달려 있다면? 누구나 한동안 눈을 떼지 못할 것입니다. LG텔레콤 오즈(OZ)는 그런 마음을 이용한 광고를 만들었습니다. 〈그림 6-5-7〉에서 보는 것과 같이 달리는 트럭 뒤에 남자가 매달려 있고 그 뒤에 여자가 쫓아가고 있습니다. 위험천만해 보이지만 이것은 버스에 랩핑된 이미지입니다. 버스와 트럭의 길이 차이를 이용해 교묘한 착시를 일

그림 6-5-7 오즈 버스광고 트럭 편.

그림 6-5-8 Fedex 버스광고 DHL 편.

그림 6-5-9 듀라셀 버스광고 파워 편.

으키게 하는 재미있는 광고입니다.

비슷한 착상이지만 이번엔 경쟁사와 비교하는 광고입니다. DHL 배송차량으로 보이는 트럭 앞을 페덱스(Fedex) 배송트럭이 앞서서 달리고 있습니다(〈그림 6-5-8〉). 그러나 자세히 보면 뒤따르는 DHL 차량은 실제가 아니라 Fedex 배송트럭 뒤에 랩핑된 이미지입니다. 카피는 "Always First"(언제나 먼저). 페덱스가 경쟁사인 DHL보다 더 빠르다는 것을 강조하기 위한 페덱스의 멋진 광고입니다.

하루 종일, 일 년 내내 쉬지 않고 수많은 사람들을 실어 나르면서도 끄떡없는 버스. 토끼가 버스의 옆면을 살짝 들추어보니 듀라셀(Duracell) 건전지가 들어있습니다(〈그림 6-5-9〉). 그렇다면 이 버스의 힘의 원천은 듀라셀? 사실은 진짜 건전지가 아니라 버스에 부착된 이미지였습니다. 카피는 "중요한 순간까지 끝까지 오래가는 파워!"

있는 것은 뭐든 활용하라

버스는 그 안에 여러 가지 특징적인 장치나 시설들이 많습니다. 그러한 것들을 잘만 활용하면 버스광고만의 독특하고 재미있는 광고를 만들 수 있습니다.

먼저 배기관을 이용한 광고입니다. 금연보조제 니코틴엘(Nicotinell)은 배기관에서 나오는 연기를 담배연기처럼 보이게 만들었습니다(〈그림 6-5-10〉). 버스 뒷면에서 연신 담배 연기를 뿜어대는 남자의 옆에는 "Ready to quit?"(끊을 준비 되셨습니까?) 라는 카피가 쓰여 있습니다. 시커멓고 냄새나는 연기가 당장 담배를 끊고 싶게 만드는 광고입니다.

이번엔 출입문을 이용한 광고입니다. 카스 맥주는 버스 출입문과 그 옆의 광고 면에 각각 남자의 상체와 맥주잔의 이미지를 랩핑했습니다(〈그림 6-5-11〉). 출입문이 닫히면 맥주잔이 남자의 입으로 향합니다. 그러나 출입문이 열리면 맥주잔이 남자의 입에서 멀어집니다. 출입문은 계속 열리고 닫히기를 반복하기 때문에 남자는 결국 먹음직한 맥주를 입에 넣지 못합니다. 카피는 "톡! 하게 가는 거야 카스." 카스를 마시고 싶어 하는 남자의 열망이 그대로 드러나 있습니다. 출입문이 열리고 닫히는 것을 절묘하게 이용한 재미있는 아이디어입니다.

그림 6-5-10 Nicotinell 버스광고 배기관 편.

그림 6-5-11 카스 버스광고 출구 편.

그림 6-5-12 11번가 버스광고 끼임 편.

버스 출입문을 이용한 광고를 하나 더 보겠습니다. 인터넷 쇼핑몰 11번가는 버스 출입문 바로 옆의 광고 면에 여자의 상의에서 올이 풀려나가는 이미지를 랩핑했습니다(〈그림 6-5-12 위〉). 마치 상의가 출입문에 끼어서 올이 풀리고 있는 것 같습니다. 고객 실수로 인한 상품 파손까지 보상해주는 11번가의 안심쇼핑보상제를 알리는 광고입니다.

〈그림 6-5-12〉의 아래에 있는 광고도 역시 11번가의 안심쇼핑보상제 광고인데 이번엔 바퀴를 이용한 광고입니다. 바퀴 바로 옆의 광고 면에 여자의 치마에서 올이 풀려나가는 이미지를 랩핑했습니다. 마치 치마가 바퀴에 끼어서 올이 풀리고 있는 것 같습니다. 광고물 주변의 시설을 활용하는 재치가 돋보이는 광고입니다.

바퀴의 모양을 이용한 광고도 있습니다. 〈그림 6-5-13〉은 일본의 요도바시 카메라 전문점 광고입니다. 버스의 바퀴를 마치 카메라의 렌즈처럼 표현했습니다. 바퀴와 렌즈 사이의 형태적 유사성을 간파한 크리에이터의 기발함이 돋보이는 광고입니다.

삼성세탁기는 버스의 바퀴를 드럼 세탁기의 세탁조로 표현했습니다. 〈그림 6-5-14〉에서는 쉬지 않고 힘차게 도는 버스 바퀴를 파워풀한 삼성세탁기 드럼에 비유했습니다. 알루미늄 휠 안에는 실제로 세제를 푼 물까지 채워 넣었습니다. 카피는 "Powerful Drum"(힘 있는 드럼).

버스 스트랩도 광고 미디어가 될 수 있습니다. IWC Big 파일럿 시계는 버스 스트랩을 시계 줄처럼 만들었습니다(〈그림 6-5-15〉). 승객이 스트랩을 잡으면 마치 시계를 착용한 것처럼 보입니다. 매장에서 한 번 착용해 보는 것처럼 말이죠. 일단 착용해 보면 구매욕구가 더 일게 되죠. 그래서 카피는 "Try it here, the Big Pilot's Watch"(한 번 차보세요. 빅 파일럿 시계).

모터사이클 할리 데이비슨(Harley Davidson)은 신 모델을 출시하면서 버스 손잡이 봉을 이용한 광고를 만들었습니다(〈그림 6-5-16〉). 버스 손잡이 봉에 모터사이클 핸들을 부착한 것입니다. 버스 승객이 이 핸들을 잡으면 마치 모터사이클을 타는 듯한 기분을 느낄 수 있습니다. 카피는 "The new Harleys are here"(새로운 할리가 나왔습니다). 할리를 한 번 타보는 것이 일생의 꿈인 대부분의 남자들에게 이것은 아주 인상 깊은 경험이 될 것입니다.

다음은 우리나라에서도 가끔 볼 수 있는 굴절 버스를 이용한 광고입니다.

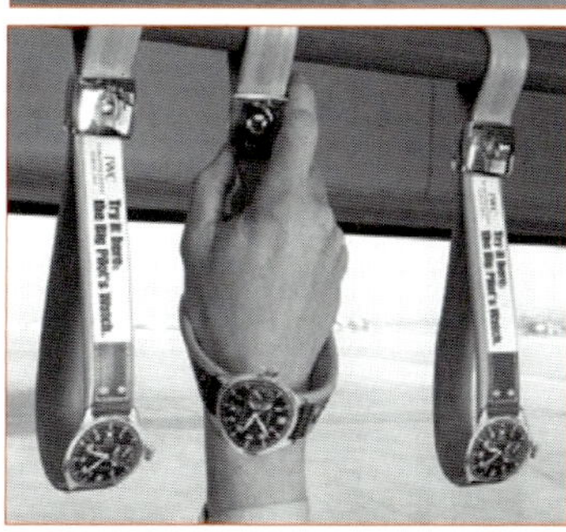

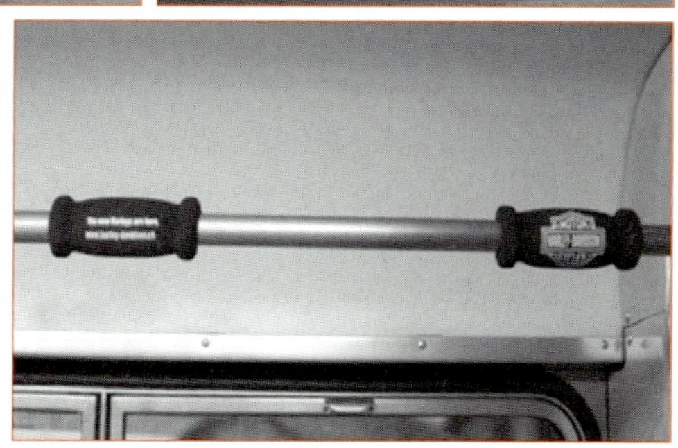

그림 6-5-13 요도바시 버스광고 바퀴 편.
그림 6-5-14 삼성세탁기 버스광고 드럼 편.
그림 6-5-15 IWC Big 파일럿 버스광고 손잡이 편.
그림 6-5-16 할리데이비슨 버스광고 손잡이 편.

그림 6-5-17 Dr. Best 버스광고 굴절 편.

닥터베스트(Dr. Best) 칫솔은 버스의 굴절 부분을 칫솔 손잡이의 굴절 부분으로 표현했습니다(〈그림 6-5-17〉). 버스가 커브 길을 돌 때마다 칫솔 손잡이의 유연성이 강조됩니다. 카피는 "The new Dr. Best flexible"(새로 나온 구부러지는 Dr. Best).

인터렉티브를 연출하라

소비자들이 광고를 자신과 상관없는 것으로 간주해 버리면 광고효과는 고사하고 주목하게 만들기도 쉽지 않습니다. 설득에 앞서 주목부터 이끌어내려면 보는 사람과 광고를 서로 연관시켜 주어야 합니다.

그것을 위한 한 가지 방법은 광고와 광고를 보는 사람이 상호작용할 수 있도록 만들어 주는 것입니다. 눈으로만 보는 것과 직접 참여하는 것은 많은 차이가 있기 때문입니다. 참여하면 훨씬 흥미가 높아집니다.

함부르크에 본부를 둔 국제사면위원회(Amnesty International)는 가정폭력 신고 캠페인을 펼치면서 사람들과 상호작용할 수 있는 광고를 만들었습니다. 버스정류장 셸터 광고 속에 카메라를 내장하여 사람들 시선의 각도를 인식(eye tracking)하게 한 것입니다(〈그림 6-5-18〉).

버스를 기다리는 사람이 광고를 보고 있으면 광고 속 부부가 다정한 모습을 취하고 있습니다. 그러나 시선이 다른 곳을 향하면 이내 남편이 아내를 폭행하는 모습으로 변합니다. 남들 앞에서는 다정하게 보여도 실상은 가정폭력이 있을 수 있으니 잘 관찰하고 신고하라는 의미입니다. 카피는 "It happens

그림 6-5-18 Amnesty International 버스정류장 광고 아이트래킹 편.
그림 6-5-19 Fitness First 버스정류장 광고 체중계 편.
그림 6-5-20 코카콜라 New grip bottle 버스정류장 광고 벨크로 편.

when nobody is watching"(가정폭력은 사람들이 보지 않을 때 일어납니다).

피트니스센터 피트니스 퍼스트(Fitness First)도 역시 버스정류장 셸터에 상호작용할 수 있는 광고를 게재했습니다. 이번엔 정류장 의자를 이용했습니다. 버스를 기다리는 사람이 의자에 앉으면 셸터에 그 사람의 몸무게가 표시됩니다(〈그림 6-5-19〉). 의자를 체중계로 만들어놓은 것입니다. 몸무게를 보면 긴 말이 없어도 운동의 필요성을 느끼게 되겠죠? 그래서 카피는 간단하게 "Fitness First".

딴 곳에 한눈을 파는 사람의 옷자락을 붙잡고 늘어지는 광고도 있습니다. 코카콜라는 새로운 제품 패키지 'New grip bottle'을 출시하면서 이를 알리는 재미있는 광고를 만들었습니다(〈그림 6-5-20〉). 버스정류장 셸터 광고에 일명 찍찍이라고 불리는 벨크로(velcro)를 붙여놓았습니다. 뒤돌아선 사람들의 옷자락이 자꾸 달라붙겠죠. 옷을 떼면서 사람들은 한 번씩 광고를 보게 됩니다. 벨크로가 옷에 착 달라붙듯이 새로운 병도 손에 착 달라붙는다는 의미입니다. 성가시지만 효과적인 광고입니다.

최신 기술을 이용하라

기술의 발전은 미디어의 변화를 가져오고, 미디어의 변화는 크리에이티브의 발전을 가져옵니다. 최근 신기술이 접목된 다양한 미디어로 덕분에 BTL 광고가 양적으로뿐만 아니라 질적으로도 성장을 거듭하고 있습니다. 최신 기술 덕에 크리에이티브의 폭이 한층 넓어진 것입니다.

프링글스는 버스정류장 셸터 광고에 스크롤링(scrolling) 기술을 이용했습니다. 위에서 떨어지는 프링글스가 캐릭터 줄리어스 프링글스(Julius Pringles)의 입으로 끊임없이 들어가고 있습니다(〈그림 6-5-21〉). 중간에 끊어지고 다시 시작하는 부분도 없습니다. 스크롤링 기술 덕분에 "Once you pop. You can't stop"(한 번 따면 멈출 수 없어요) 라는 카피가 더욱 효과적으로 전달되고 있습니다.

대한항공은 렌티큘러(lenticular) 라고 하는 기술로 평면 이미지에 움직이는 효과를 주었습니다(〈그림 6-5-22〉). 버스정류장 셸터 광고에 한 소녀가

그림 6-5-21 프링글스 버스정류장 광고 멈출 수 없어 편.
그림 6-5-22 대한항공 버스정류장 광고 하늘을 보자 편.

서 있습니다. 이 소녀는 빛의 각도에 따라 정면을 보고 있기도 하고 고개를 들어서 하늘을 보기도 합니다. 카피는 '하늘을 봅시다'. 대한항공이 펼친 '하늘을 보자' 캠페인의 하나로 진행된 광고입니다.

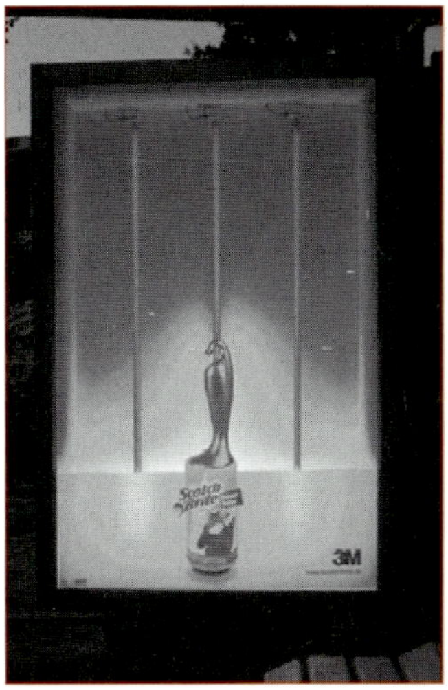

그림 6-5-23 3M 버스정류장 광고 먼지 편.

3M 스카치 브라이트(Scotch Brite)는 의류에 붙은 먼지를 제거하는 테이프를 소개하기 위해 형광 블랙 라이트 램프라는 특수한 램프를 광고에 사용했습니다. 독일 뒤셀도르프 시내의 한 버스정류장에 설치된 이 광고의 특수 램프는 흰색을 형광색으로 보이게 하여 사람들의 옷에 묻은 미세한 먼지를 더욱 도드라져 보이게 만듭니다(〈그림 6-5-23〉). 눈에 보이지 않을 때는 몰라도 일단 자신의 옷에 묻은 먼지를 눈으로 확인하고 나면 없애지 않고는 못 배기겠죠?

호기심을 불러일으켜라

가려운 것은 참아도 궁금한 것은 참지 못하는 것이 사람입니다. 소비자를 광고로 끌어들이기 위해서는 그들의 호기심을 자극하고 궁금증을 유발하는 것이 좋은 방법입니다.

미스터리 보드게임 클루(Cluedo)는 사람들의 궁금증을 이용하여 광고를 극적으로 전달하는 데 성공했습니다. 〈그림 6-5-24〉에서 보는 것과 같이 버스정류장 셸터에 흰색 커튼이 드리워져 있습니다. 커튼 뒤로 검은 그림자가 어른거립니다. 커튼 뒤에 무엇이 있는지 궁금해진 사람이 커튼을 걷으면 영

그림 6-5-24
Cluedo 버스정류장 광고 사이코 편.

그림 6-5-25 missingchild.or.kr 버스정류장 광고 여자 편.

화 〈사이코〉처럼 칼을 들고 있는 무서운 살인마가 나타납니다. 카피는 "COSA SI PROVA AD ESSERE COINVOLTI IN UN CRIMINE?"(당신이 만일 범죄에 연루된다면 어떤 기분이 들까요). 처음부터 살인마가 등장하는 것보다 커튼을 열었을 때 살인마가 나타나는 것이 광고 메시지를 더 극적으로 전달되게 합니다.

광고의 주목률을 높이는 3B가 있습니다. 바로 Beauty(미인), Baby(아기), Beast(동물) 입니다. 이 중 미인을 이용해 주목률을 높인 광고가 바로 〈그림 6-5-25〉입니다. 수영복을 입은 미인이 도발적인 포즈를 취하고 있습니다. 카피는 "Come closer to me"(나에게 가까이 오세요), "Take a look at me"(나를 한 번 봐주세요). 여성에 대한 호기심 때문에 가까이 가서 들여다보면 미인의 사진은 수많은 미아들의 사진으로 이루어져 있습니다. 미아들의 얼굴을 가까이서 자세히 보고 찾을 수 있게 도와달라는 의미입니다. 미아찾기 전문기관 미싱차일드(Missingchild)의 파격적인 광고입니다.

승객을 이용하라

버스에는 언제나 승객이 타고 있습니다. 승객의 모습과 행동을 잘 관찰하면 거기에도 아이디어가 숨어있습니다.

저가 항공사 익스프레스(EXPRESS)는 버스에 앉아 있는 승객의 모습을 광고에 활용하였습니다. 버스의 창을 마치 비행기의 창처럼 랩핑하여 밖에서 보면 버스에 앉아있는 승객이 마치 비행기를 타고 있는 것처럼 보이게 만들었습니다(〈그림 6-5-26〉). 카피는 "Air travel at land travel fares"(지상 교통요금으로 할 수 있는 비행기 여행). 같은 값이라고 한다면 버스보다 비행기를 타고 싶지 않을까요?

그림 6-5-26 Express 버스광고 창 편.
그림 6-5-28 국제사면위원회 버스광고 밧줄 편.

그림 6-5-27 ACAT 버스광고 손 편.

기독교고문폐지행동(ACAT)은 앉아있는 승객의 뒷모습을 광고에 활용하였습니다. 버스 좌석 뒷면에 뒤로 묶인 손 사진을 랩핑하였습니다(〈그림 6-5-27〉). 마치 그 자리에 앉아있는 승객의 손이 뒤로 묶여있는 것처럼 보입니다. 의자에는 다음과 같은 카피가 쓰여 있습니다. "Victims are people just like you and me"(희생자는 바로 당신과 나 같은 사람들입니다). 지금 이 의자에 앉아 있는 사람처럼 아무 죄가 없는 사람도 고문의 희생자가 될 수 있다는 사실을 지적하면서 고문 폐지를 주장하고 있습니다.

이번에는 서 있는 승객을 활용한 사례입니다. 서 있는 승객들은 안전을 위해서 손잡이를 잡아야 하겠죠? 국제사면위원회(Amnesty International)는 손잡이 하나하나에 팔이 뒤로 묶인 채 사형을 당하고 있는 사람들의 사진을 걸어놓았습니다(〈그림 6-5-28〉). 손잡이가 마치 사형 집행용 밧줄처럼 보입니다. 매달린 사람들의 등에는 이런 카피가 쓰여 있습니다. "Save a person's life"(사람의 목숨을 구하세요). Amnesty International이 벌이고 있는 사형제 폐지 캠페인입니다. 승객들이 손잡이를 잡기 위해서는 이 사진을 꺼내야 하므로, 이미 이 캠페인에 동참하여 한 사람의 목숨을 구한 셈이 됩니다.

DM 크리에이티브

DMdirect mail이란

기업에서 고객에게 직접 보내는 우편물 형태의 광고를 말합니다. DM은 직접 접촉하지 못하는 고객에게 충분한 정보를 제공하고 우호적인 관계를 유지할 수 있는 수단입니다. 또한 누구를 대상으로 발송할 것인지를 자유롭게 선택할 수 있기 때문에 다른 어떤 매체보다 타깃팅 능력이 뛰어나고 타깃에 맞춘 메시지를 구성할 수 있다는 장점이 있습니다. 개인에게 전달된 인쇄물이기 때문에 보관했다가 다시 볼 수 있어 광고 효과가 오래 지속됩니다.

봉투를 뜯게 만들어라

DM은 개봉되지 않은 채 바로 쓰레기통으로 갈 확률이 매우 높은 매체입니다. 따라서 많은 우편물 중에서 눈에 띄게 하는 것, 그리고 봉투를 뜯게 만드는 것이 매우 중요합니다. 뜯어보고 싶은 마음이 들도록 하기 위해서는 봉투에서부터 주의와 흥미를 끌어야 합니다.

2007년 중국에 사는 수천 명의 사람들은 피가 묻은 편지를 받았습니다(〈그림 6-6-1〉). 봉투의 봉합 부분에 피가 조금 새어나와 있는 것이었습니다. 호기심이 동한 사람들은 봉투를 열어보지 않을 수 없었습니다. 핏자국을 따라 봉투를 열어나가면 집안의 모습이 보이고, 한쪽 구석에 남편에게 잔혹하게 폭행을 당하는 부인의 모습이 보입니다.

바로 중국가정폭력방지협회(China Organization Against Domestic Violence)라는 단체에서 보낸 가정폭력 신고 캠페인 DM입니다. 봉투의 안쪽에는 이런

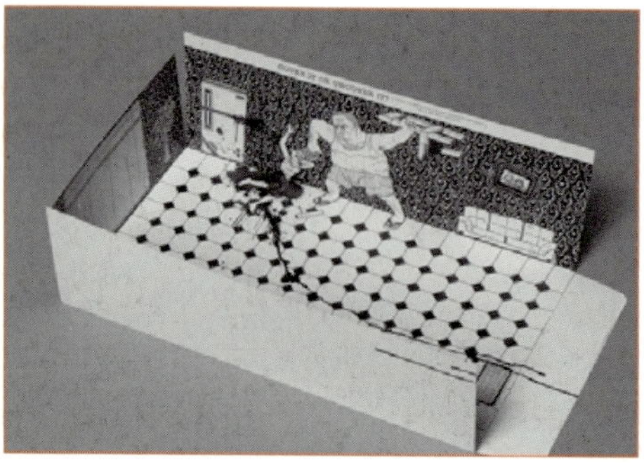

그림 6-6-1 China Organization Against Domestic Violence DM 피 편.
그림 6-6-2 KMCV DM 손 편.

카피가 적혀 있습니다. “Cover it or Uncover it?”(그냥 덮을 것인가 아니면 밝힐 것인가?). 가정 내에서 남모르게 행해지는 가정폭력을 그냥 덮어두지 말고 신고하라는 뜻입니다. 이 캠페인이 진행된 후 3개월 만에 중국에서는 가정폭력 신고건수가 무려 69%나 증가했고 실제로 76건의 가정폭력 문제를 해결했다고 합니다.

터키의 아동보호기금 KMCV는 기부 캠페인을 벌이면서 재미있는 DM을 만들었습니다(〈그림 6-6-2〉). DM을 우편함에 꽂으면 우편함 밖으로 어린이가 손을 내밀고 있는 모습이 됩니다. 어린이의 손을 차마 외면할 수 없어서 DM을 꺼내본 사람들은 다음과 같은 카피를 읽게 됩니다. “Lend a hand, let them hold on to life”(도움을 주세요. 삶을 꼭 잡게 해주세요). DM 안에는 아이들에게 격려의 뜻을 담은 문자 메시지를 발송하면 그와 동시에 10YTL[8]의 기금이 자동적으로 기부가 되는 프로그램이 소개되어 있습니다. 일단 어린의 손을 잡은 사람들은 결코 그 손을 뿌리칠 수가 없을 것입니다.

팬틴(PANTENE)은 얼마 전 각 매체사에 신제품과 이벤트에 대한 보도자료가 담긴 DM을 보냈습니다. 그런데 그 봉투는 아름다운 여성의 머리카락을

8 터키의 신 동전. 1YTL은 약 1000원.

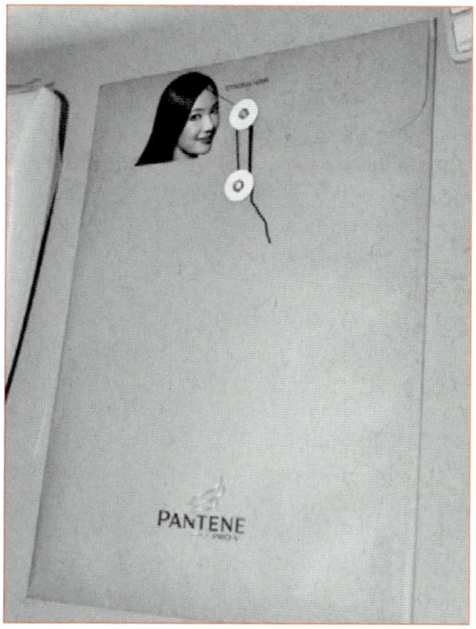

그림 6-6-3 팬틴 DM 머리카락 편.

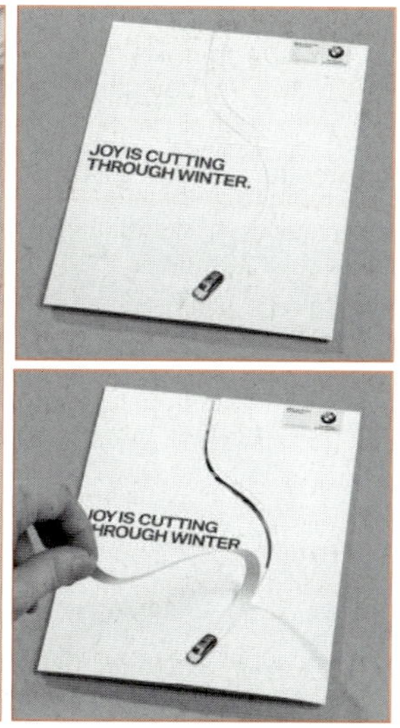

그림 6-6-4 BMW DM 타이어마크 편.

끈 삼아 봉해져 있었습니다(〈그림 6-6-3〉). 봉투를 봉하고 있는 머리카락 옆에는 이런 카피가 쓰여 있었습니다. “strong hair”(강한 머리카락). 머리카락이 얼마나 튼튼하길래… 라는 호기심과 함께 풀어서 만져보고 싶게 만듭니다. 일단 개봉에는 성공한 셈이죠.

봉투를 개봉하는 것도 즐거움이 될 수 있을까요? 고객에게 드라이빙의 즐거움을 제공한다는 ‘Joy Campaign’을 벌이고 있는 BMW는 DM 봉투를 개봉하는 것도 즐거움이 될 수 있도록 배려했습니다. 〈그림 6-6-4〉에서 보는 것과 같이 눈길을 매끄럽게 달리는 BMW 뒤로 타이어마크가 선명합니다. 타이어마크를 살짝 떼어내면 마치 칼로 자른 듯 부드럽게 봉투가 뜯깁니다. 카피는 “Joy is cutting through winter”(즐거움이 겨울에 길을 냅니다). BMW가 제공하는 드라이빙 즐거움이 겨울 길도 문제없이 달리게 한다는 뜻입니다.

아이템을 두둑이 넣어라

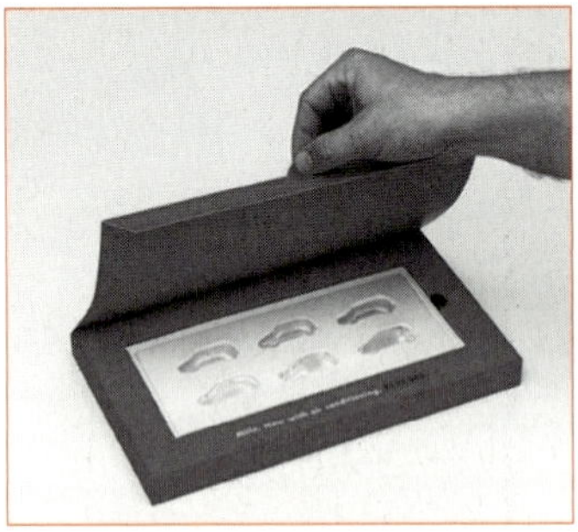

그림 6-6-5 밀레 DM 아이스큐브 편.

두둑한 우편물은 그 안에 뭔가 중요한 것이 들어있다는 느낌을 줍니다. 그냥 쓰레기통으로 던져버릴 수가 없게 만들죠. 따라서 가급적이면 봉투 속에 여러 가지 아이템을 넣어서 보내는 것이 좋습니다. 봉투 속에 얼마든지 넣을 수 있다는 것이 바로 DM의 장점이라는 것을 잊지 마십시오.

피아트 밀레(Fiat Mille)는 제품 모형을 본뜬 독특한 아이스큐브를 DM 속에 넣어 보냈습니다(〈그림 6-6-5〉). 아이스 큐브에 제품 홍보카피를 적는 것도 물론 잊지 않았죠. "Mille. Now with air conditioning"(밀레. 시원한 에어컨과 함께). 얼음의 시원함을 느낄 때마다 밀레 에어컨의 시원함을 떠올리게 되겠죠?

첫 머리에서 가장 중요한 것을 제시하라

고객들이 DM을 뜯게 만드는 것도 어렵지만, 일단 뜯은 다음 그것을 읽게 만드는 것이 더 어렵습니다. DM을 펼쳐든 고객은 약 3초 내에 그 내용을 파악해서 만일 불필요하다고 판단되면 즉시 쓰레기통으로 집어던져 버리기 때문입니다.[9] 다시 말해 한두 줄 읽고 나서 그것을 계속 읽어야 할지 말아야 할지를 결정한다는 말입니다.

9 조지혜(2003), 《고객의 마음을 사로잡는 DM & 편지-상황에 따라 자유자재로 활용할 수 있는 DM, 편지 사례》, 시대의 창.

따라서 DM은 첫 머리에서 가장 중요한 것을 제시하여야 합니다. 고객이 더 읽어볼 필요가 있다고 느끼게 만들어야 한다는 것이죠.

그러나 일단 DM을 읽어 내려간다 해도 뒷부분을 읽을 즈음에는 이미 앞부분의 내용을 잊어버리기 쉽습니다. 다른 미디어에 비해 DM은 내용이 길기 때문입니다. 따라서 마무리 부분에 가서는 첫 머리에서 제시한 중요한 점을 다시 한 번 강조하여 상기시키는 것이 좋습니다.

개인적인 분위기를 유지하라

DM은 고객에게 보내는 편지입니다. 불특정 다수를 상대로 공개적으로 떠드는 것과는 감성 자체가 다릅니다. 편지는 그 자체가 은밀하고 반가운 것입니다. 그것이 설령 상업적인 것이라 해도 받는 사람 입장에서는 자신의 존재를 알아주는 것이 되기 때문에 기분이 과히 나쁘지 않습니다. 그러한 기분을 그대로 살려서 친밀감과 호감을 유지할 수 있도록 해야 합니다.

DM은 받는 사람을 특별히 지명하여 보내기 때문에 받는 사람도 그것을 개인적인 것으로 받아들입니다.[10] '나에게 보낸 것이구나!'라는 생각을 하게 만든다는 것이죠. 따라서 시종일관 개인적인 분위기를 놓치지 않는 것이 중요합니다. 예컨대 구글(Google)은 고객 개개인의 이름을 검색하면 나오는 결과를 DM에 담아 보냈습니다(〈그림 6-6-6〉). 이것은 수많은 사람들에게 일괄적으로 보내는 DM과는 분명 다른 감정을 불러일으킬 것입니다.

호칭을 사용할 때도 1, 2인칭을 사용하는 것이 좋습니다. 고객을 '당신' 혹은 '귀하'라고 부르면서 바짝 다가가는 것이 좋습니다.

DM은 또한 선별되고 세분된 고객을 대상으로 하기 때문에 구체적인 이야

10 조지혜(2003), 위의 책.

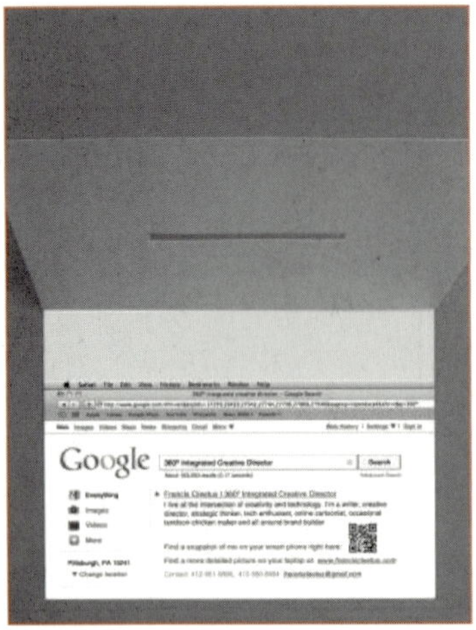

그림 6-6-6 google DM 검색창 편.

기가 가능합니다. 다른 광고가 많아서 시선이 분산되는 신문, 잡지와 달리 DM은 단독이라서 집중도도 높습니다. 따라서 하고 싶은 얘기를 구체적으로 해도 됩니다. 피상적이고 일반적인 표현은 오히려 자신만을 위한 이야기가 아니라는 생각을 하게 만들어 집중도를 떨어뜨립니다.

행동을 이끌어내라

다른 BTL 매체들과 마찬가지로 DM은 이미지를 축적하는 매체가 아니라 반응을 이끌어내는 매체입니다. 고객이 우리 브랜드에 대해 긍정적인 생각을 갖게 되었다면 생각에 그치지 않고 행동하도록 만들어야 합니다.

특히 DM은 다른 매체들과 달리 특별한 날, 시즌 등 받는 날짜를 지정하여 보낼 수 있기 때문에 타이밍에 맞춰 행동하도록 만들 수도 있습니다.

고객에게 지금 당장 움직이라고 말하세요. 그리고 그렇게 하지 않으면 뭔가 잃을지도 모른다고 말하세요.

신뢰감을 주라

얼굴을 보지 않고 누군가와 대화하는 것. 그것이 바로 DM입니다. 여러분 같으면 얼굴도 모르는 사람이 하는 말을 믿겠습니까? 따라서 DM은 신뢰감을 주지 못하면 어떤 효과도 기대하기 어렵습니다.

절대 허풍이나 자랑을 늘어놓고 있다는 인상을 주어서는 안 됩니다. 또한 진부한 표현의 사용으로 마치 앵무새 같다고 느끼게 해서도 안 됩니다. 확신에 차 있지만 겸손하고 솔직하다고 느낄 수 있도록 카피를 써야 합니다.

고객은 대화의 내용보다 말하는 사람의 태도에 더 민감하게 반응한다는 것을 잊어서는 안 됩니다.

단문/능동태/현재시제로 말하라

어떤 글이든 길고 복잡한 문장은 읽는 사람의 의욕을 떨어뜨리므로 피해야 합니다. DM에서는 특히 그렇습니다. 읽고 싶지 않으면 쓰레기통에 던져버려도 무방한 것이 바로 DM이기 때문입니다. 읽는 데 전혀 부담이 없도록 되도록 쉽고 간결하게 써야 합니다.

한 가지 요령은 단문으로 쓰는 것입니다. 단문(單文)이란 주어와 동사가 각각 하나씩만 있는 문장을 말합니다. 복문(複文)[11]이나 중문(重文)[12]과 달리 구조가 복잡하지 않고 간단하기 때문에 쉽게 읽힙니다. 단문은 또한 문장을 힘 있고 자신감 있게 만듭니다.

그러나 처음부터 단문으로 쓰려고 하면 표현이 자꾸 막히게 됩니다. 일단 쓰고 싶은 말을 길게 쓴 다음, 뺄 것을 빼고 단문으로 줄여나가는 것이 좋습

11 절(節)을 하나의 문장성분으로 가진 문장.

12 둘 이상의 홑문장이 대등하게 이어진 문장.

니다.

또한 수동태와 과거시제는 특별한 의도가 있지 않는 한 피해야 합니다. 수동태는 소극적인 느낌을 주며, 과거시제는 이미 지나간 일처럼 느끼게 만듭니다. 수동태와 과거시제를 능동태와 현재시제로 바꾸면 적극적인 인상을 줍니다.

브로슈어 크리에이티브

브로슈어brochure란

광고용으로 만든 소책자로 기업이나 제품의 정보와 이미지에 관한 내용을 담습니다. 브로슈어라는 말은 책자의 가제본(假製本)을 뜻하는 프랑스어 'brocher'에서 유래되었습니다. 팸플릿(pamphlet)이나 부클릿(booklet)과 대체로 유사하나 지질(紙質), 인쇄, 제본, 사진 등이 일반적인 팸플릿이나 부클릿보다 좋고 호화로운 것을 말합니다. 판형이나 형태, 분량 등은 제한이 없이 가지각색입니다.

분량을 먼저 결정하라

먼저 전달하고자 하는 내용을 몇 페이지 분량에 담을 것인지부터 정해야 합니다. 페이지 수가 정해져야 거기에 담길 내용도 조정할 수 있기 때문입니다.

양 페이지 가운데를 철하는 중철(中綴) 제본의 경우에는 4의 배수로 페이지를 잡아야 하며, 본드로 페이지와 페이지를 붙이는 본드 제본으로 할 경우는 2의 배수로 페이지를 잡으면 됩니다.

브로슈어 분량은 일반적으로 8~48페이지 정도입니다. 그러나 분량에 제한이 있는 것은 아닙니다. 내용에 따라 얼마든지 페이지 수는 늘어날 수 있습니다.

페이지 구성을 하라

페이지 수가 정해졌으면 각 페이지에 어떤 내용을 할당(割當) 할 것인지를 결정해야 합니다. 이것을 페이지네이션(*pagination*) 이라고 합니다. 이를 위해서는 이야기를 어떤 구조로 전개시켜 나갈 것인지를 먼저 결정해야 합니다.

가장 기본적인 구조는 기승전결(起承轉結) 입니다. 기승전결은 원래 한시(漢詩) 의 구성법입니다. 기는 소재와 관련된 이야기를 꺼내고, 승은 그것을 전개하며, 전은 전환과 반전으로 분위기를 바꾸고, 결은 기, 승, 전을 아울러 마무리를 짓는 구조입니다.

이외에도 어떤 대상을 성분, 규모, 속성 등의 구성요소로 나누어 설명하는 분석 구조, 어떤 대상들을 일정한 기준에 의하여 하위개념으로 나누거나 상위개념으로 묶는 분류 구조, 어떤 대상들이 지닌 유사점이나 차이점을 비교하여 설명하는 비교 구조, 어떤 대상에 대해 질문을 던지고 그에 답을 하는 확인 구조, 일정한 시간 내에 일어나는 사건이나 행동의 전개에 초점을 두는 서사 구조, 어떤 특정한 결과를 가져오게 한 일련의 행동, 변화, 기능, 단계, 작용 등을 설명하는 과정 전개 구조, 어떤 특정한 결과를 가져오게 한 원인이나 영향, 힘을 밝히는 인과 구조 등이 있습니다.

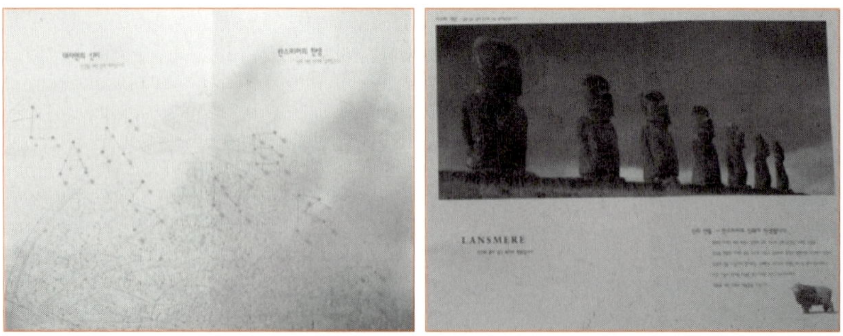

그림 6-7-1 란스미어 브로슈어 신의 선물 편.

페이지네이션의 예를 하나 들어 보겠습니다. 〈그림 6-7-1〉은 제일모직 란스미어 브로슈어입니다. 이 브로슈어는 총 36페이지로 구성되어 있으며, 주제는 '신의 선물'입니다. 페이지 구성은 다음과 같습니다.

페이지	내용	페이지네이션
표 2~p.3	선택된 소수에게 바침	기
pp.4~7	신의 작품	
pp.8~11	기술의 불가사의함	승
pp.12~15	소재의 희귀성	
pp.16~19	컬러의 예술성	
pp.20~23	직조의 섬세함	
pp.24~27	복지 문화의 완성	전
pp.28~31	명예의 자리에 초대	
pp.32~33	또 다른 불가사의의 예고	결
p.34~표 3	언론의 극찬	

첫 장에서 승부하라

소비자는 인내심이 부족합니다. 브로슈어를 끝까지 읽을 확률이 매우 낮습니다. 한두 페이지 읽어보다가 이내 덮어버리고 말죠. 따라서 브로슈어는 첫 페이지부터 눈을 뗄 수 없게 만들어야 합니다.

한 가지 방법은 기승전결의 '전'에 해당하는 부분부터 보여주는 것입니다. 하이라이트(*highlight*)를 먼저 보여주어서 이야기 속으로 빨리 끌어들이라는 말입니다.

핵심내용을 두 개 이상 제시하라

브로슈어는 책자 형식을 띠고 있습니다. 페이지를 넘겨가면서 보는 미디어입니다. 페이지를 넘겼을 때 앞의 내용을 중언부언(重言復言) 한다면 계속해서 넘기고 싶은 마음이 사라질 것입니다. 따라서 브로슈어는 강조할 만한 핵심내용을 최소한 두 개 이상 제시하는 것이 좋습니다. 페이지를 넘겼을 때 새로운 내용은 끌고 가는 힘이 더 강하기 때문입니다.

문체로 개성을 표출하라

브로슈어는 지면을 통한 대화입니다. 대화에서 상대방의 개성이 중요하듯 브로슈어에서도 브랜드의 개성이 중요합니다. 브랜드 개성은 주로 카피의 문체와 음색에 의해서 표출됩니다. 따라서 제품특성 혹은 카피 내용에 맞는 문체와 음색을 선택하여 카피를 써야 합니다. 예컨대 아름다움에 대한 환상을 심어주어야 하는 화장품이라면 화려체의 문체와 밝고 경쾌한 음색을 선택하는 것이 좋습니다.

리플릿 크리에이티브

리플릿leaflet이란

브로슈어나 팸플릿보다 부피가 작은 한 페이지 정도의 광고물을 말합니다. 주로 낱장이기 때문에 전단(傳單)이라고도 합니다. 전해준다고 해서 전단이지만, 게시판이나 벽에 붙이기도 합니다.

가져갈 수 있다는 점을 이용하라

리플릿은 다른 광고물보다 크기도 작고 두께도 얇아서 부담 없이 가져갈 수 있다는 장점이 있습니다. 가져갈 수 있다는 점을 잘 활용하면, 더 많이 가져가게 할 수 있을 뿐 아니라 새로운 크리에이티브 아이디어도 얻을 수 있습니다.

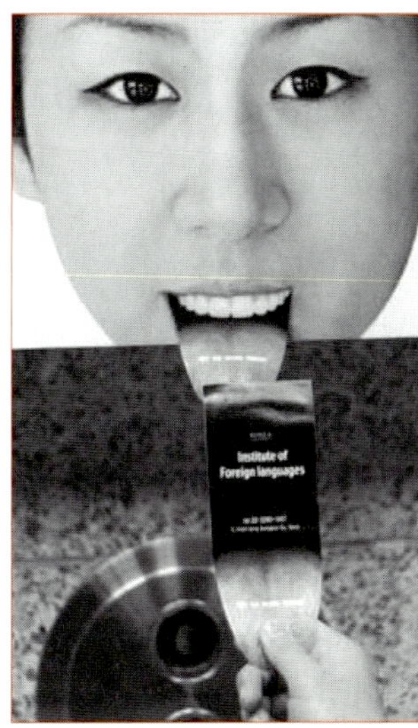

그림 6-8-1
고려대학교 어학원 리플릿 혀 편.

2007년 고려대학교 어학원은 기발한 BTL 광고 하나로 우리를 놀라게 했습니다. 건물 벽에 외국인이 혀를 내밀고 있는 사진이 인쇄된 박스가 붙어 있습니다(〈그림 6-8-1〉). 혀에는 이렇게 쓰여 있습니다. "Get the native tongue"(원어민의 혀를 가지세요). 혀를 잡아당기면 한 장이 쏙 빠집니다. 진짜 원어민의 혀를 갖게 되는 것이

그림 6-8-2 웨이트워처스 리플릿 살 편.

그림 6-8-3 Cuttie Cut 리플릿 머리 편.

죠. 거기에는 물론 어학원의 이름과 전화번호가 쓰여 있습니다. 리플릿을 강제로 떠안기는 것이 아니라 재미있게 가져갈 수 있게 만든 좋은 아이디어입니다.

스위스의 다이어트 제품 및 프로그램 서비스업체인 웨이트워처스(Weight Watchers)는 이보다 한 발 더 나아간 리플릿(〈그림 6-8-2〉)을 선보였습니다. 슈퍼마켓 게시판에 부착된 이 리플릿에는 "Together we get rid of pounds"(함께 무게를 줄여나가요)라는 팻말을 든 뚱뚱한 여성이 인쇄되어 있습니다. 이 여성의 몸 곳곳에는 여러 개의 전화번호가 적혀 있어서 떼어 갈 수 있게 해 놓았습니다. 고객들이 이 전화번호를 하나씩 떼어 가면 뚱뚱한 여성의 몸 곳곳에서 살이 떨어져 나가 점점 날씬한 몸이 됩니다. 정말로 함께 무게를 줄여 나가는 셈입니다. 재미있게 가져갈 수 있을 뿐 아니라 가져가는 행위 자체가 광고의 일부가 되게 만드는 뛰어난 아이디어입니다.

여기에 한 가지 아이디어를 덧붙인 것이 바로 캐나다의 아동 전용 미용실 Cuttie Cut children's Hair Salon의 리플릿입니다(〈그림 6-8-3〉). 리플릿을 벽에 부착할 때 위쪽은 붙지 않고 아래쪽만 붙도록 했습니다. 머리 부분인 위쪽이 앞으로 꺾이니까 마치 머리카락이 얼굴을 덮은 것 같이 보입니다. 머리카락에는 미용실의 이름과 전화번호가 적혀 있어 떼어 갈 수 있게 했습니다. 고객이 전화번호를 떼어 가면 아이의 얼굴이 조금씩 드러납니다. 아이의 답답함을 없애주기 위해서 고객들은 전화번호를 기꺼이 떼어 갑니다. 떼어 가는 자체가 광고의 일부가 될 뿐 아니라 부착방법 하나로 입체감까지 살린 훌륭한 아이디어입니다.

전달 방법을 바꿔라

리플릿을 어떻게 만들 것인가만 고민하지 말고, 리플릿을 어떻게 전달할 것인가도 고민해 보세요. 리플릿을 전달하는 상황 자체도 하나의 아이디어가 될 수 있습니다.

완구 전문업체 하스브로(Hasbro)의 미스터리 보드게임 클루(Cluedo)는 리플릿을 좀더 극적으로 전달했습니다. 호텔 문 밑으로 피가 흥건하게 흘러나옵니다(〈그림 6-8-4〉). 멀리서 이것을 본 사람은 깜짝 놀라 가까이 가봅니다.

그림 6-8-4
클루 리플릿 피 편.

그림 6-8-5 Monster.com 리플릿 옐로카드 편.

그림 6-8-6 레드마블 레스토랑 리플릿 약 편.

가까이서 보니까 진짜 피가 아니라 문 밑에 끼워 놓은 클루의 리플릿입니다. 카피는 "COSA SI PROVA AD ESSERE COINVOLTI IN UN CRIMINE?"(당신이 만일 살인사건에 연루된다면 어떤 기분이 들까요?). 피를 보고 놀라면서 이미 그런 기분을 경험한 소비자는 미스터리 게임에 한 발 더 가까이 다가가게 됩니다.

길을 가고 있는데 갑자기 심판이 다가와 옐로카드를 내민다면 여러분은 아마 깜짝 놀라 가던 길을 멈출 것입니다. 몬스터닷컴(Monster.com)은 그러한 방법으로 사람들에게 리플릿에 대한 관심을 이끌어내는 데 성공했습니다(〈그림 6-8-5〉). 축구심판 복장을 한 사람이 내민 옐로카드에는 이런 카피가 쓰여 있었습니다. "Stuck in the wrong job? Monster.com. Sharp search. Right job!"(잘못된 직업으로 고생하고 있나요? 몬스터닷컴이 딱 맞는 직업을 찾아드려요!).

이번엔 의사 가운을 입은 사람이 길에서 약봉지를 나누어 줘서 눈길을 끈 케이스입니다. 레드마블하우스는 레스토랑 리플릿을 약봉지에 넣어서 배포했습니다. 약봉지에는 '행복을 드리는 약'이라는 제목이 붙어 있습니다(〈그림 6-8-6〉). 그리고 그 아래 복용자 이름을 쓰는 난에는 '사랑하는 고객님 귀하'라고 썼습니다. 고객을 행복하게 해드리는 맛있는 음식이라는 컨셉을 재치 있게 표현하고 있습니다.

일리스 제리언(Ilyes Jaryan) 음악학교는 리플릿을 허가받지 않은 곳에 꽂아두면서도 얼굴을 붉히게 하는 것이 아니라 미소를 짓게 만들고 있습니다(〈그림 6-8-7〉). 바이올린 교습생을 모집하는 리플릿을 어디에 꽂아 두었는지 보세요! 바이올린 활 부분을 처음부터 인쇄하지 않고 자동차 와이퍼가 그 자리를 대신할 수 있도록 고안했습니다. 이 리플릿을 빼면서 한 번씩 바이올린을 연주해 본 셈이 되었으니 내친김에 교습소에 등록하지 않을까요?

그림 6-8-7
Ilyes Jaryan 리플릿 와이퍼 편.

온라인 배너 광고 크리에이티브

온라인 배너online banner란

인터넷 홈페이지에 띠 모양으로 만들어 부착하는 광고를 말합니다. 마치 현수막처럼 생겨서 배너라고 불립니다. 처음에는 사각 띠 모양의 정지된 이미지로 시작했지만, 요즘에는 다양한 형태와 함께 플래시*, 동영상 등으로 된 것도 많습니다. 배너를 클릭하면 관련 사이트로 자동으로 이동되어 소비자에게 더 자세한 정보를 제공할 수 있다는 장점이 있습니다.

* 벡터 도형 처리 기반의 애니메이션 저작용 소프트웨어

드래그하게 하라

BTL의 장점이 바로 소비자들이 참여할 수 있다는 것, 소비자와 기업이 상호작용할 수 있다는 것이라고 앞에서 말씀드렸습니다. 그렇다면 온라인에서 소비자가 참여할 수 있는 방법은 어떤 것이 있을까요? 드래그[13]하는 것이 그중 하나입니다.

에미레이트 환경그룹(Emirates Environmental Group)은 쓰레기 재활용 캠페인의 일환으로 온라인 배너 광고를 만들었습니다. 그저 보기만 하는 일반적 배너 광고가 아니라 소비자가 드래그했을 때 비로소 움직이기 시작하는 독특한 배너 광고입니다(〈그림 6-9-1〉).

배너 안에 재활용 마크가 새겨진 휴지통이 있습니다. 그 옆에는 구겨진 휴지가 떨어져 있습니다. 광고를 보는 사람이 구겨진 휴지를 드래그해서 휴지통 속

13 마우스의 버튼을 누른 채 화면 위의 커서를 어떤 점에서 다른 점까지 움직인 후 버튼을 떼는 동작.

에 집어넣으면 잠시 후 그 휴지는 사슴, 호랑이, 새로 변해서 쓰레기통 밖으로 뛰어나옵니다. 종이를 재활용하면 그만큼 나무를 베지 않아도 되니까 결국 동물들을 살릴 수 있다는 메시지를 전하고 있습니다. 카피는 "When you toss it in, everybody wins. Recycle for a living planet"(당신이 휴지를 집어넣으면, 모든 존재는 승리합니다. 살 수 있는 지구를 위해 재활용하세요). 자신의 손으로 직접 동물들을 살리는 짜릿한 경험을 해보면 재활용에 대한 생각이 좀 달라지지 않을까요?

그림 6-9-1 에미레이트 환경 그룹 온라인 배너 동물 편.

그림 6-9-2 Big Pond Music 온라인배너 드레스 편.

음악 사이트 빅 폰드 뮤직(Big Pond Music)은 이보다 더 기발한 온라인 배너 광고를 선보였습니다(〈그림 6-9-2〉). 배너에는 우아한 실크 드레스를 입고 헤드폰을 낀 채 음악을 듣고 있는 한 여성이 있습니다. 여성의 위쪽에는 "What music are you into?"(어떤 음악을 좋아하세요?)라는 헤드라인이 있습니다. 그리고 여성의 아래쪽에는 조절 버튼이 있는데, 버튼의 왼쪽 끝에는 'OPERA'(오페라), 오른쪽 끝에는 'PUNK Rock'(펑크락)이라고 쓰여 있습니다. 왼쪽으로 드래그하면 오페라를, 오른쪽으로 드래그하면 펑크락을 들을 수 있다는 뜻입니다.

버튼을 오른쪽으로 조금씩 드래그하면 여자의 옷이 점점 짧아져서 탱크톱과 짧은 치마를 입은 모습으로 변합니다. 오른쪽으로 좀더 드래그하면 초미니 스커트를 입은 모습으로 변합니다. 노래는 최신 펑크락이 들립니다. 다시 왼쪽으로 드래그하면 우아한 실크 드레스를 입은 여성의 모습으로 변하고 노래도 부드러운 선율의 오페라로 변합니다. 오페라에서 펑크락까지 다양한 장르의 음악을 들을 수 있다는 것을 알리고 있습니다. 배너라는 좁은 공간에서 다양한 모습을 보여주고 다양한 음악을 들려줄 수 있는 훌륭한 아이디어입니다.

클릭을 유도하라

온라인에서 소비자가 참여할 수 있는 또 하나의 방법이 바로 클릭을 하는 것입니다. 클릭은 다음 단계로 넘어가는 방법이기 때문에 클릭 후의 변화에 대한 관심과 주목도를 높일 수 있다는 장점이 있습니다.

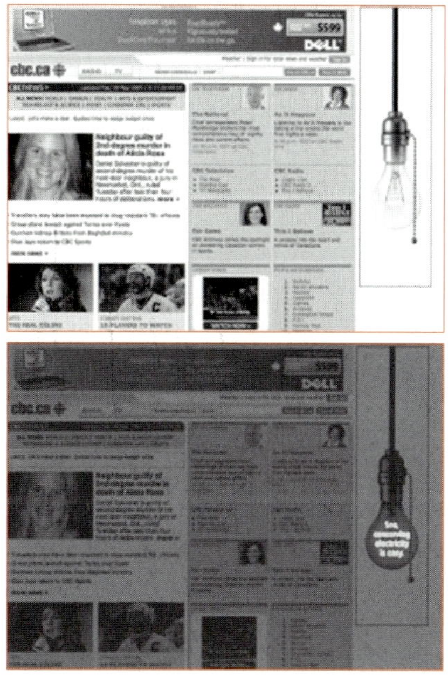

그림 6-9-3 BC hydro 온라인배너 전등 편.

전력 회사인 비씨 하이드로(BC hydro)는 에너지 절약 캠페인의 일환으로 온라인 배너 광고를 제작했습니다(〈그림 6-9-3〉). 세로로 된 배너에는 아무 내용도 없이 오직 전등 하나만이 매달려 있습니다. 뭔가 싶어 클릭하는 순간 컴퓨터 화면이 암전(暗轉) 됩니다. 그리고 전구 안에서 다음과 같은 카피가 선명하게 드러납니다. "See. Conserving electricity is easy"(보세요. 전기절약은 쉽잖아요). 에너지 절약이라는 것이 그렇게 거창하고 어려운 것이 아니라는 것, 클릭 한 번하는 것만큼 쉬운 일이라는 것을 나타내고 있습니다.

BMW 미니 쿠페(MINI COOPER)는 최근 미니 쿠페다운 발칙한 온라인 배너 광고를 선보였습니다(〈그림 6-9-4〉). 붉은 색 테두리가 둘러쳐진 배너의 한가운데 이런 경고 문구가 쓰여 있습니다. "Whatever you do, don't push the sport button"(당신 마음이겠지만, sport 버튼은 누르지 마세요).

그러나 누르지 말라고 하면 더 누르고 싶은 것이 사람의 심리. 이를 본 사람은 호기심에 이끌려 'sport' 버튼을 클릭하게 됩니다. 그러면 미니 쿠페는 갑

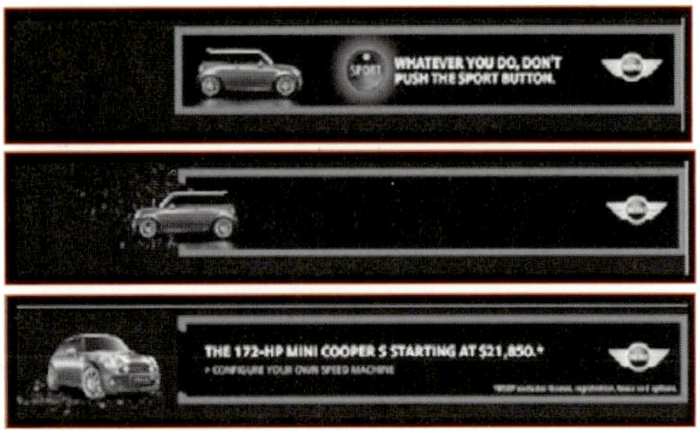

그림 6-9-4
미니쿠페 온라인 배너 테두리 편.

자기 왼쪽으로 돌진해서 붉은 색 테두리를 뚫고 나갑니다. 그리고는 파격적인 구매 조건을 제시합니다. 틀에 얽매이기 싫어하는 미니 쿠페의 이미지, 틀을 벗어난 파격적인 구매 조건을 잘 전달하고 있습니다.

커서를 이용하라

클릭이나 드래그는 소비자의 의사가 비교적 확실할 때 나타나는 적극적인 반응입니다. 그러나 소비자가 적극적이지 않아도 소비자를 참여시킬 수 있는 방법이 있습니다. 그냥 커서만 올려놓아도 배너가 반응하게 만드는 방법입니다.

그림 6-9-5 엥겔호른 스포츠 온라인 배너 커서 편.

예컨대 독일의 스포츠용품 브랜드 엥겔호른 스포츠(Engelhorn sports)는 소비자가 커서를 배너 쪽으로 움직이기만 해도 배너 속의 테니스 선수가 그 커서를 공처럼 쳐서 소비자를 배너 속으로 끌어들였습니다(〈그림 6-9-5〉). 어떤 방향으로 커서가 움직여도 능숙하게 쳐내는 여자 선수의 솜씨가 눈길을 끌기에 충분합니다. 카피는 "sport up your life"(인생을 즐겨요).

직접 그리고, 쓰게 하라

드래그나 클릭하는 것보다 더 재미있는 참여방법은 배너에 대고 직접 그림을 그리거나 글씨를 쓰는 방법일 것입니다. 광고를 보는 것이 아니라 놀이를 하는 것이라고 느끼게 만드는 것이죠.

버거킹은 바로 그런 방법으로 소비자들이 광고에 참여할 수 있도록 했습니다. 배너에 한 남자가 자고 있는 모습이 보입니다(〈그림 6-9-10〉). 카피는 "Don't go to bed before the king"(버거킹에 가기 전에 잠들지 마세요). 잠들지 말라고 했는데 남자가 자고 있는 거죠. 스타트 버튼을 클릭하면 화면에 펜이 주어집니다. 소비자는 그 펜으로 자고 있는 남자의 얼굴에 낙서를 합니다. 마치 학생시절 캠프에 가서 잠자는 친구의 얼굴에 낙서를 하는 것처럼 말이죠.

이때 카피는 "Check out the BK late night menu"(버거킹의 심야메뉴를 체크해 보세요). 그러나 남자는 깰 기미를 보이지 않고 얼굴을 이리저리 돌리며 귀찮아하기만 합니다. 소비자는 더 짓궂은 낙서를 합니다. 이때 카피는 "Stay up with the BK late night menu"(버거킹의 심야메뉴와 함께 깨어 있으세요). 버거킹의 심야영업을 알리는 재미있는 온라인 배너 광고입니다.

그림 6-9-10 버거킹 온라인 배너 낙서 편.

인터넷바이럴 광고 크리에이티브

인터넷바이럴viral이란

네티즌들이 이메일, 메신저, 블로그 등을 통해 자발적으로 퍼트릴 수 있도록 인터넷 상에 올리는 동영상을 말합니다. 컴퓨터 바이러스처럼 확산된다고 해서 바이럴이라고 불립니다. 2000년에 들어서서 새로운 인터넷광고 기법으로 주목받기 시작했는데 기업이 소비자에게 광고를 전달하는 것이 아니라, 소비자끼리 자발적으로 주고받는다는 점에서 기존의 광고와는 다릅니다.

전하고 싶게 만들어라

요즘 소비자들을 호모나랜스(*homo-narrans*)[14]라고 부릅니다. 호모나랜스란 라틴어로 '이야기하기를 좋아하는 사람'이라는 뜻입니다. '생각하는 사람'이라는 뜻의 호모사피엔스(*homo-sapiens*)와는 반대 개념으로, 인터넷 공간에서 적극적으로 이야기를 찾아다니며 이를 전파하기를 좋아하는 사람을 가리킵니다.

국내 최대의 광고대행사 제일기획은 2008년 15~44세의 남녀 600명을 대상으로 한 설문조사를 바탕으로 호모나랜스의 특징을 다음과 같이 요약했습니다.[15]

---

14 Niles, John D(2010), *Homo Narrans : The Poetics and Anthropology of Oral Literature*, Univ of Pennsylvania Pr.

15 제일기획(2008), 《디지털 스토리텔링 마케팅》, 2008 디지털 리더스 포럼 발표.

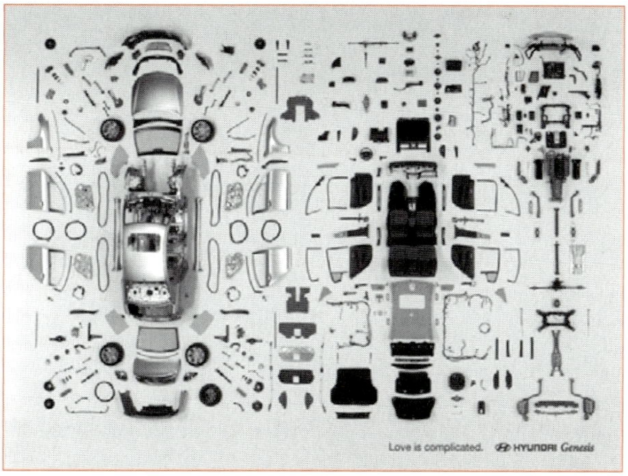

그림 6-10-1 제네시스 인터넷바이럴 해체 편.

> 인터넷 콘텐츠를 만들어 블로그에 올리는 것을 자기표현이라고 생각하고, 흥밋거리를 적극적으로 탐색하며, 인터넷 카페, 블로그, 사용 후기 등 일반인들이 직접 만든 '위 미디어'(*we media*)를 더 신뢰하고, 자신만의 방식으로 스토리를 재구성하는 특징을 가지고 있다.

광고하는 사람의 입장에서 보면 호모나랜스들은 그야말로 하늘이 내려주신 사람들입니다. 이런 호모나랜스들이 관심 있어 하고 전파하고 싶어할 만한 이야기를 만들어 내는 것이 바로 바이럴 성공의 관건입니다.

2008년 현대자동차 미국법인(HMA)은 신차 제네시스를 하나하나 해체하는 충격적인 동영상(〈그림 6-10-1〉)을 유튜브에 띄웠습니다. 장정 3명이 사흘 동안 12,000여 개의 부품을 완전히 해체하여 정렬하는 이 충격적인 동영상은 미국뿐만 아니라 국내의 인터넷 공간에서도 큰 화제가 되었습니다. 동영상이 끝난 후 정렬된 부품에 마우스를 올려놓으면 해당 부품의 기능과 용도에 대한 자세한 설명까지 제공됩니다. 화제를 일으켰을 뿐 아니라 충분한 정보를 전달하는 데도 성공한 바이럴의 모범 사례였습니다.

2009년 남아프리카 공화국의 유제품회사 데리(DAIRY PRODUCTS)는 아주 놀라운 동영상 3편을 인터넷에 유포시켰습니다. 이 동영상은 남아프리카공화국뿐 아니라 세계 곳곳에서 화제가 되었고, 입에서 입으로, 손에서 손으로 전해져서 의도대로 큰 바이럴을 일으켰습니다.

〈그림 6-10-2〉의 첫 번째와 두 번째 그림은 데리 치즈를 먹은 갈매기가 집채만 한 돌고래를 물고 날아가는 영상입니다. 카피는 "DAIRY helps make strong"(데리는 당신을 힘세게 만들어줍니다). 세 번째와 네 번째 그림은 데리 요구르트를 먹은 거북이 너무 날씬해져서 등딱지에서 빠져버리는 영상입니다. 카피는 "DAIRY can help you lose weight"(데리는 당신을 날씬하게 해줍니다). 다섯 번째와 여섯 번째 그림은 데리 우유를 마신 닭이 튼튼한 이를 드러내는 영상입니다. 카피는 "DAIRY gives you strong teeth"(데리는 튼튼한 이를 갖게 해줍니다). 누가 봐도 컴퓨터 그래픽으로 만든 것이라는 것을 쉽게 알 수 있지만 너무도 놀랍고 기발해서 다른 사람들에게 전하고 싶게 만듭니다.

그림 6-10-2 DAIRY PRODUCTS 인터넷바이럴 동물 편.

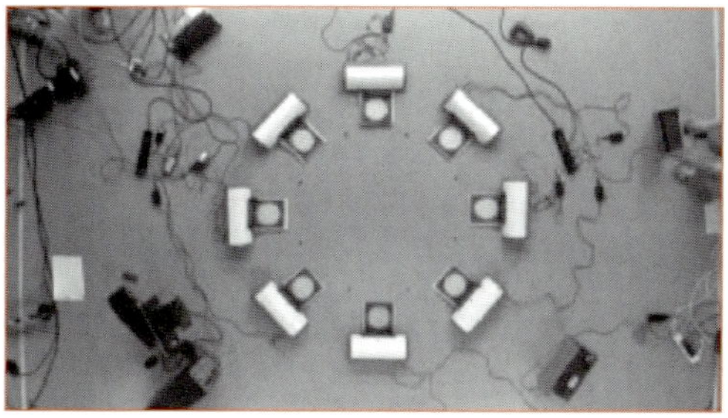

그림 6-10-3 hp프린터 인터넷바이럴 카드섹션 편.

hp프린터 역시 혼자 보기 아까운 동영상을 인터넷에서 유포시킴으로써 바이럴을 일으키는 데 성공했습니다. 〈그림 6-10-3〉 동영상은 프린터 여러 대를 설치하는 장면으로 시작됩니다. 프린터의 시작 버튼을 누르자 프린터에서 인쇄된 용지가 나오기 시작합니다. 인쇄 속도가 점점 빨라짐에 따라 여러 대의 프린터에서 배출되는 형형색색의 인쇄물이 마치 카드섹션을 하듯 아름다운 장면을 연출합니다. 팝아트(*pop art*)를 연상시키기도 하는 이 동영상은 프린트 속도가 빠르다는 제품특성을 널리 유포시키는 데 크게 기여했습니다.

유행의 흐름을 파악하라

바이럴은 소비자들이 스스로 콘텐츠를 퍼다 날라야 효과가 있습니다. 따라서 소비자들의 입맛을 제대로 파악하고 그들의 관심이나 유행의 흐름을 정확히 파악하는 것이 매우 중요합니다. 그래야 광고가 하나의 엔터테인먼트가 되는 브랜디드 엔터테인먼트(*branded entertainment*)가 가능합니다. 제품은 그 사이에 슬쩍 끼워 넣기만 하면 됩니다.

2006년 애니콜 Fx는 당시 최고 인기를 누리던 영화배우 이준기를 기용하여 '이준기의 1인4색 미니드라마'라는 드라마 형식의 동영상을 만들었습니다.

그림 6-10-4
애니콜 Fx 인터넷바이럴 4인4색 편.

그림 6-10-5
빙그레 아카페라 인터넷바이럴 Sing your love 편.

한 남자 대학생이 원하는 여학생의 마음을 얻기 위해 도서관, 피트니스 센터, 미술관, 카페 등에서 애니콜 Fx폰을 이용해 구애한다는 내용입니다(〈그림 6-10-4〉).

50초짜리 이 동영상이 인터넷 홈페이지에 노출되자 열흘 만에 조회 수 150만 건이 넘는 폭발적인 반응이 나타났습니다. 목표타깃인 20대 초반의 남녀가 좋아할 만한 감각적인 내용과 영상을 담았기 때문입니다.

빙그레 커피우유 아카페라는 인기그룹 스윗소로우의 노래 '간지럽게'를 개사한 'Sing your love'라는 브랜드 노래를 제작해서 인터넷에 유포시켰습니다(〈그림 6-10-5〉). 네티즌들은 그 노래를 휴대전화 벨소리, 컬러링, 싸이월드의 백그라운드 송 등으로 다운받아 사용했습니다. 한때 이 개사곡은 원곡보다 더 큰 인기를 누리기도 했습니다. 목표타깃들이 좋아할 만한 노래를 유포시켜서 따로 큰 광고비를 들이지 않고도 광고효과를 높인 사례입니다.

논란을 일으켜라

그림 6-10-6 클리베 인터넷바이럴 명가녀 편.

논란거리를 만드는 것은 사람들의 관심을 끌 수 있는 좋은 방법입니다. 말이 나온 김에 그 문제에 대해서 생각해 보고 서로 의견을 나눔으로써 자연스럽게 그 문제가 이슈로 등장하게 되기 때문입니다.

최근에는 제품을 짐짓 논란에 휩싸이도록 해서 소비자들의 이목을 집중시켜 결국 판매를 늘리는 마케팅 기법이 종종 사용되고 있습니다. 이를 노이즈 마케팅(*noise marketing*)이라고 합니다.[16]

2009년 우리나라 네티즌들 사이에서는 '명가녀'에 대한 논란이 뜨거웠습니다. 한 여자가 150만 원짜리 명품가방을 가위로 삭둑삭둑 잘라서 믹서에 넣고 갈아버리는 동영상이 인터넷에 유포된 것입니다(〈그림 6-10-6〉). 네티즌들은 이 명품을 가는 여자, 일명 '명가녀'의 정체에 대해서 궁금해 했습니다. 이 동영상이 믹서기 광고다, 명품가방 광고다, 명품을 좋아하는 세대를 비판하는 공익광고다, 여자의 연예계 데뷔를 위한 티저광고다 라는 등 수많은 주장이 제기되었고, 이 동영상에 대한 조회 수도 폭증을 했습니다.

그러나 이것은 철저히 의도된 노이즈 마케팅이었습니다. 웅진코웨이의 음식물처리기 클리베를 알리기 위한 인터넷바이럴 동영상이었죠. 동영상 후반에 흐르는 "갈릴래요 갈릴래요 갈아 버렸어. 가루 가루되어 사라져 버렸어. 갈릴래요"라는 배경음악을 자세히 들어본 사람은 그것이 웅진코웨이 클리베의 TV-CM송이라는 것을 금방 알 수 있습니다. 사람들의 이목을 끌면서 음식물처리기의 성능을 자연스럽게 보여준 훌륭한 바이럴 사례였습니다.

---

16 이서구(2008), 《마케터라면 무조건 알아야 할 마케팅 키워드 55》, 위즈덤하우스.

소비자를 미디어로 활용하라

그림 6-10-7 SKT 인터넷바이럴 인간광고단 편.

소비자는 걸어 다니는 미디어입니다. 그들과 어떤 식으로든 관계를 맺어놓으면 그들은 사방으로 흩어져서 제품을 광고하는 역할을 하게 됩니다.

예를 하나 들어 보겠습니다. 2007년 휴대전화 대기화면 서비스인 SKT의 T인터랙티브는 '인간광고단'을 모집했습니다(〈그림 6-10-7〉). '인간광고단'은 번화가와 지하철역 등 사람들이 많이 모여 있는 곳에 출동해 신체의 일부분을 이용하여 재미있게 T인터랙티브를 알리는 쇼를 벌이고 T셔츠에 서명을 받는 미션을 수행했습니다. 그리고 그러한 활동 모습을 담은 동영상을 온라인에 올렸습니다. 미션을 수행하는 동안 그들의 톡톡 튀는 아이디어는 사람들의 이목을 집중시켰고, 그들의 활동 모습을 담은 동영상 또한 온라인에서 큰 화젯거리가 되었습니다.

문제를 제기하라

사람들은 본성적으로 인지적 노랭이[17]입니다. 생각하는 데 아주 인색하다는 말입니다. 굳이 생각하지 않아도 될 일에 대해서는 별 생각이 없습니다. 그

17 나은영(2000), 《인간 커뮤니케이션과 미디어》, 한나래.

러다가 누군가 문제를 제기해 오면 그제야 그 문제에 대해서 한 번 생각해보게 되죠. 그러므로 제품과 관련된 이슈에 대한 문제를 제기하는 것은 사람들의 주의를 끌고 관심을 모으는 좋은 방법이 됩니다.

국제동물복지기금(International Fund for Animal Welfare)은 동물들의 복지에 대해 그다지 관심이 없는 사람들에게 정식으로 문제를 제기하였습니다. 동물들도 사람과 마찬가지로 하나의 생명체니 관광 기념품으로 만들어서 팔아서는 안 된다는 내용을 동영상으로 만들어 인터넷에 유포시킨 것입니다(〈그림 6-10-8〉).

그림 6-10-8
IFAW 인터넷바이럴
하늘을 나는 코끼리 편.

동영상은 하늘 멀리서 뭔가가 날아오는 것으로 시작됩니다. 가까이서 보니 코끼리입니다. 코끼리는 한 동물원에 착륙하여 유유히 걷습니다. 카피는 "If they wanted to come, they would. Animals are not souvenirs"(그들이 오고 싶으면 올 것입니다. 동물들은 기념품이 아닙니다). 무심코 동물관광 기념품을 구매하던 사람들은 이 동영상을 통해 한 번쯤 진지하게 동물들의 생명권에 대해 생각해 볼 것입니다.

판촉물 크리에이티브

판촉물이란

판매를 촉진하는 물품이라는 뜻입니다. 선물 형식으로 물품을 증정해서 소비자들이 그것을 사용하는 동안 계속적으로 브랜드를 상기시키는 것이 바로 판촉물의 목적입니다. 선물을 싫어하는 사람은 없으므로 경계심 없이 전달할 수 있고, 소비자의 생활 속에 침투하여 브랜드에 대한 친숙도를 높일 수 있는 것이 장점입니다.

사용할 때를 생각하라

판촉물은 주로 생활 주변에서 자주 사용되는 작은 물건들입니다. 소비자들이 그것을 사용할 때의 모습을 구체적으로 상상해 보면 좋은 아이디어를 얻을 수 있습니다.

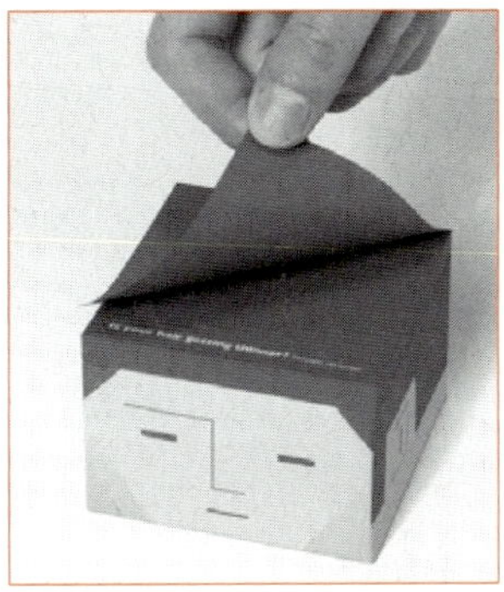

그림 6-11-1 판토가 판촉물 메모지 편.

홍콩의 탈모 치료제 판토가(Pantogar)는 접착식 메모지(일명 포스트잇)를 판촉물로 배포했습니다. 풍성한 모발을 가진 남자의 머리 모습을 한 메모지입니다(〈그림 6-11-1〉). 그러나 메모지를 한 장씩 떼어내서 사용하다 보면 머리카락 부분의 메모지가 먼저 없어지고 얼굴 부분만 남아서 결국 대머리 모양이 됩니다. 처음에는 풍성하던 모발도 하나씩 하나씩 빠지다 보면 결국 대머리가 되고 만다는 것을 말하고 있습니다. 카피는

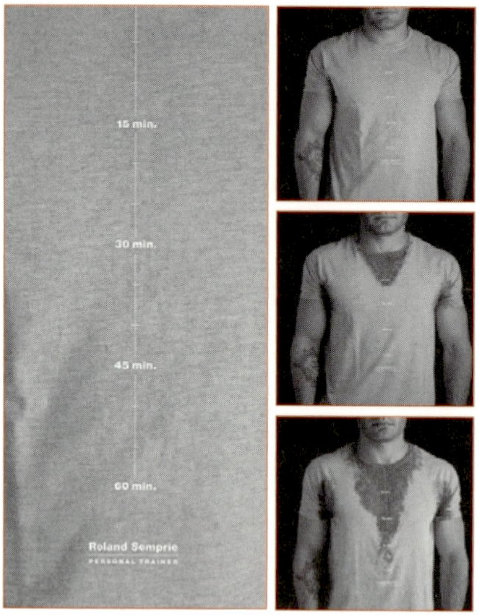

그림 6-11-2 Roland Semprie 판촉물

“Is your hair getting thinner?”(당신의 모발이 점점 없어집니까?) 탈모에 대한 경각심을 일깨워 주는 작지만 강력한 판촉물입니다.

캐나다의 건강 피트니스업체 로랜드 샘프레(Roland Semprie)는 운동할 때 셔츠에 땀이 배어난다는 사실에서 아이디어를 얻어 티셔츠 판촉물을 만들었습니다. 티셔츠 앞부분에는 위에서 아래로 15분, 30분, 45분, 60분의 시간 눈금이 새겨져 있습니다(〈그림 6-11-2〉). 이 티셔츠를 입고 운동을 하면 땀이 15분에서 시작하여 60분까지 점점 아래로 차 내려옵니다. 이 눈금만 봐도 자신이 얼마나 운동을 했는지 알 수 있습니다. 자신이 목표로 한 운동시간과 양을 채울 수가 있는 것이죠.

포드(Ford)의 신형 트럭 레인저 익스트림(Ranger Extreme)은 판촉물로 성냥을 선택했습니다. 성냥갑을 열 때 앞으로 빠져나오는 부분을 트럭의 짐칸으로 표현했습니다(〈그림 6-11-3〉). 성냥갑을 열면 짐을 가득 실은 레인저 익스트림의 넉넉한 짐칸을 느낄 수 있습니다. 적재공간이 넓다는 제품의 특징을 효과적으로 전달하고 있습니다.

2010년, 브라질의 피트니스센터 꼼빠니아 아틀레티카(Companhia Athletica)는 기발한 달력을 제작해 회원들에게 배포했습니다(〈그림 6-11-4〉). 1월부터 12월까지 달력의 모든 면에 남자 혹은 여자 실루엣 모양의 구멍이 뚫려 있는데요. 처음에는 뚱뚱하던 실루엣이 뒤로 갈수록 점점 날씬해집니다. 달력을 한 장 한 장 넘길 때마다 점점 날씬해지는 실루엣을 보면서 자극을 받을 수 있는 것이죠. 운동이 힘들고 지루해질 때 이 달력을 본다면 큰 힘이 될 것입

그림 6-11-3 포드 트럭 판촉물 성냥 편.

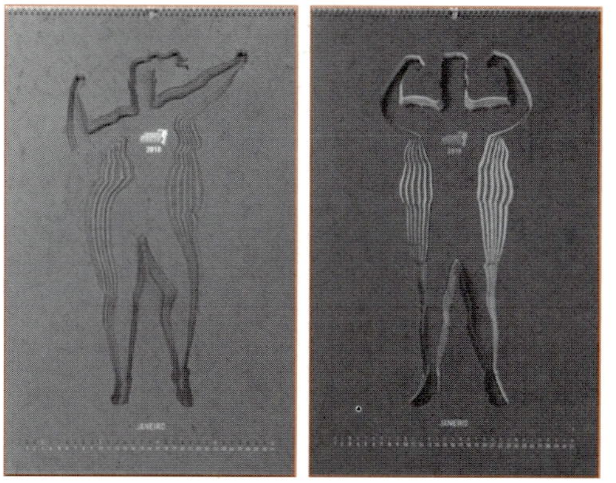

그림 6-11-4 Companhia Athletica 판촉물 달력 편.

니다. 실제로 이 달력을 피트니스센터에 비치한 후로 중도 탈퇴율이 무려 45%나 감소했다고 합니다.

극적으로 배포하라

판촉물을 나누어 주는 방법도 하나의 아이디어가 될 수 있습니다. 되도록이면 거부감 없이 받을 수 있도록 하는 방법, 이왕이면 기꺼이 받을 수 있도록 하는 방법을 생각해 봅시다.

거리에 빈 옷걸이가 걸려 있다면 여러분은 어떻게 할까요? 왜 이런 곳에 옷걸이가 걸려 있을까 궁금해서 다가가게 되겠죠. 향수 브랜드 크리스티나 아길레라(Christina Aguilera)는 그러한 방법을 이용해서 판촉물을 배포했습니다. 2008년 1월, 이스라엘 주요 거리와 공원, 쇼핑센터 부근에는 약 15만 개의 옷걸이가 내걸렸습니다(〈그림 6-11-5〉).

나무에, 난간에, 담장에 걸린 옷걸이를 이상하게 여긴 사람들이 모여들었고, 그들은 곧 옷걸이에서 아주 매력적인 향기가 난다는 사실과 함께 다음과 같

그림 6-11-5 크리스티나 아길레라 판촉물 옷걸이 편.

은 카피를 발견했습니다. "Sometimes, it's all you need to wear"(때로 당신이 입어야 할 모든 것은 바로 이것입니다). 사람들은 그 향기로운 옷걸이를 기꺼이 가져갔습니다.

촉각을 이용하라

촉각을 이용하기에 가장 적당한 미디어가 바로 판촉물입니다. 손으로 받고 또 한동안 손으로 만지작거리는 것이기 때문입니다.

다국적 제약회사 로셰(Roche)의 유방암 예방 캠페인은 촉각을 아주 적절하게 활용한 사례입니다. 2008년 거리를 지나던 포르투갈 여성들은 '안티 스트레스 볼'(Anti-Stress Balls) (〈그림 6-11-6〉)이라고 하는 조그마한 공을 선물 받았습니다. 핑크색의 말랑말랑한 공은 만지작거리기에 딱 좋았습니다. 그런데 공을 만지작거리던 여성들은 곧 공 안에 뭔가 잡히는 것을 발견했습니다. 공의 표면에는 이렇게 쓰여 있습니다. "You don't see breast cancer. you feel it"(유방암은 볼 수 없지만 느낄 수는 있습니다). 공 안에 암 종괴[18]와 비슷한 딱딱한 물체를 넣어서 여성들에게 유방암 자가진단의 중요성을 알리는 것이었습니다.

세계야생동물기금협회(WWF) 브라질 지회는 환경보호 캠페인의 일환으로 풍선을 나누어 주었습니다. 이 풍선은 두 겹으로 되어 있는데, 지구가 인쇄된 꽃 모양의 풍선을 뿌연 색의 둥근 풍선이 감싸고 있습니다(〈그림 6-11-

18 만져지는 덩어리.

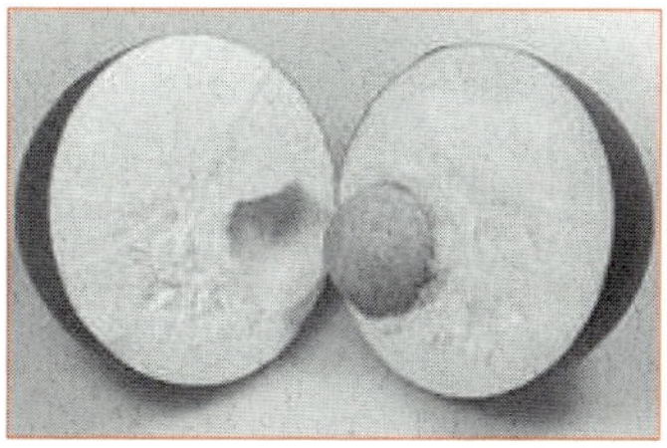
그림 6-11-6
Roche 판촉물 안티 스트레스공 편.

그림 6-11-7
WWF 브라질 판촉물 풍선 편.

7〉). 뿌연 풍선은 오염된 대기권을 상징하는 것이죠. 풍선 막대의 태그에는 뾰족한 바늘과 함께 다음과 같은 카피가 쓰여 있습니다. "Salveo Planeta"(지구를 구조하라). 바늘로 뿌연 풍선을 터트리면 아주 맑고 깨끗한 푸른색의 지구가 모습을 드러냅니다. 뿌연 풍선을 터트렸을 때의 짜릿함. 실제로도 느끼고 싶지 않을까요?

그것을 가지고 무엇을 할 수 있게 하라

판촉물이 그저 판촉물에 지나지 않는다고 생각되면 바로 쓰레기통으로 던져질 확률이 높습니다. 그러나 소비자의 생활 속에서 뭔가 쓸모가 있다고 생각된다면, 특별한 용도가 있다고 생각된다면 버려지지 않고 소비자의 생활 속에 침투할 수 있습니다.

브라질의 드럼 강사 크리스티앙 델라노(Christian Delano)는 독특한 연필을 판촉물로 나누어 주었습니다. 연필의 뒤쪽 끝을 드럼 스틱 모양으로 만든 것입니다(〈그림 6-11-8〉). 평소에는 연필로 쓰다가 두드리고 싶을 때는 언제든 돌려서 두드릴 수 있습니다. 실컷 두드리고 나면 스트레스가 풀릴 것이고, 그러다 보면 본격적으로 드럼 교습을 받고 싶어지지 않을까요? 연필에는 물론 강사의 이름과 전화번호가 적혀 있습니다.

마치 거짓말처럼 기억이 사라졌을 때, 흔히 머릿속이 싹~ 지워졌다고 하죠? 그래서 뉴질랜드 알츠하이머 협회는 지우개를 판촉물로 선택했습니다(〈그림 6-11-9〉). 지우개처럼 쓸 수도 있지만 사실 이것은 USB 메모리 스틱입니다. 지워지기 전에 그것을 잘 저장하라는 뜻이죠. 지우개 위에는 이렇게 쓰여 있습니다. "Your memories. Save them"(당신의 기억. 그것들을 지키십시오).

길거리에서 누가 아이스크림을 나누어준다면? 서로 받으려고 야단일 거예요. 미용실 이가자 헤어비스는 아이스크림을 판촉물(〈그림 6-11-10〉)로 나누어 주어 인기를 모았습니다. 콘 대용 종이에는 여성의 얼굴이 인쇄되어

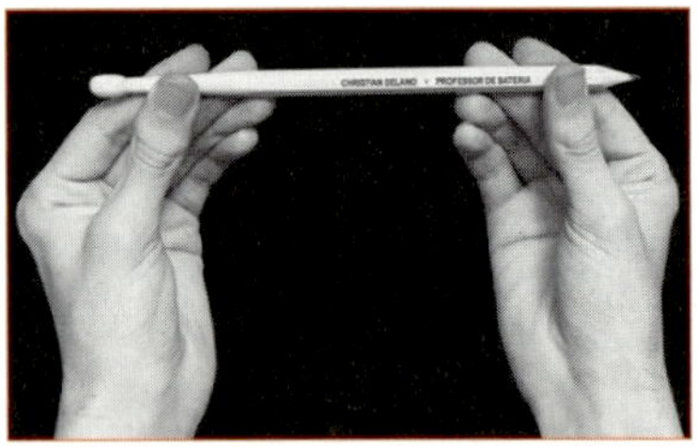

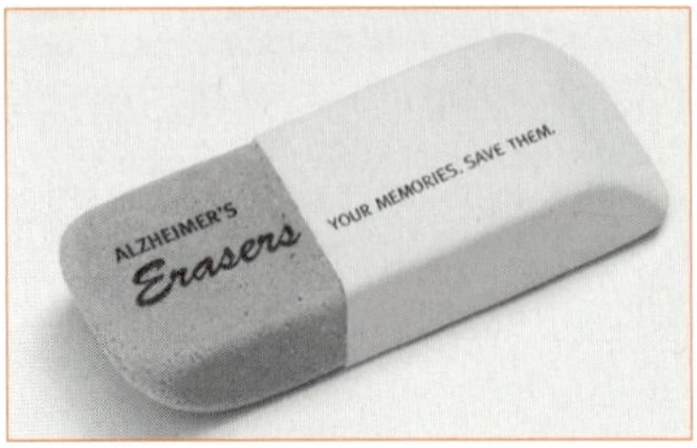

그림 6-11-8 Christian Delano 판촉물 연필 편.
그림 6-11-9 뉴질랜드 알츠하이머협회 판촉물 지우개 편.
그림 6-11-10 이가자 헤어비스 판촉물 아이스크림 편.

있는데 그 위에 얹힌 아이스크림이 마치 풍성한 머릿결처럼 보입니다. 카피는 "Sweet & lovely style for you"(당신을 위한 달콤하고 사랑스러운 스타일).

이 달콤한 선물을 다 먹고 나면 이번엔 실용적인 선물이 기다리고 있습니다. 콘 겉에 씌워진 종이에 37% 할인 쿠폰이 인쇄되어 있는 것이죠. 처음부터 끝까지 버릴 게 하나도 없는 판촉물이죠?

습관을 깨라

판촉물은 흔하디 흔합니다. 거리에 넘쳐나는 것이 바로 판촉물입니다. 거저 준다는데도 별로 달가워하지 않는 것이 바로 판촉물입니다.

습관적으로 혹은 마지못해 받아서 별 생각 없이 사용하는 평범한 판촉물은 이미 판촉물로서의 기능을 하지 못합니다. 평범함을 깨고 습관을 깰 수 있는 아이디어가 필요합니다.

그림 6-11-11 DHL 판촉물 캘린더 편.

2009년 DHL은 흔히 하듯이 캘린더를 판촉물로 제작하여 고객들과 협력업체에 나누어 주었습니다. 그러나 캘린더의 구성은 결코 흔히 하던 방식이 아니었습니다. 일명 'Overnight Calendar'라고 하는 이 독특한 캘린더는 날짜와 날짜 사이의 빈 공간에 포커스가 맞춰져 있습니다(〈그림 6-11-11〉).

그 바람에 날짜는 아래위로 절반씩 잘려 있습니다. 날짜에 포커스가 맞춰져 있는 일반적인 캘린더와는 완전히 다르죠. 바로 발송한 날 밤과 새벽에도 쉬지 않고 일을 해서 다음날 물건이 원하는 장소에 도착하도록 한다는 것을 알리기

그림 6-11-12 Foster's 판촉물 컵받침 편.

위한 것입니다. 그러니까 DHL에게는 날과 날 사이의 시간이 더 중요한 것이고, 그렇기 때문에 거기에 포커스를 맞춘 것입니다. 이 캘린더는 판촉물로 제작되었지만 찾는 사람이 많아서 온라인 쇼핑몰에서 판매되기도 했습니다.

맥주 집에 가면 으레 잔 받침을 깔고 그 위에 맥주잔을 놓아 줍니다. 맥주잔과 잔 받침은 늘 붙어 다니는 세트라고 할 수 있죠. 그런데 맥주잔을 피하는 잔 받침이 있습니다. 맥주를 마시다가 잔을 내려놓으려고 하면 잔 받침이 자꾸 도망을 가죠(〈그림 6-11-12〉). 이상하게 생각한 사람들은 맥주잔을 자세히 들여다봅니다.

맥주잔에는 이렇게 쓰여 있습니다. "Drinking & Driving. Don't mix"(음주와 운전. 절대 붙이지 마세요). 그러고 보니 잔 받침에는 자동차가 그려져 있습니다. 바로 포스터(Foster's) 맥주가 음주운전 방지 캠페인의 일환으로 만든 판촉용 잔과 잔 받침입니다. 맥주잔의 바닥과 잔 받침에 같은 극의 자석을 붙여 놓았기 때문에 붙이려고 하면 자꾸 밀어냈던 것입니다.

경품/콘테스트 크리에이티브

경품/콘테스트sweepstakes/contest란

소비자를 상대로 간단한 게임을 하거나 솜씨를 보여주는 경연을 하여 상품을 지급하는 것을 콘테스트라고 합니다. 반면 경품은 특별한 솜씨를 보여 달라고 요구하지 않고 추첨을 통해 당첨된 사람들에게 지급됩니다. 콘테스트는 제품 구매자에게만 참가 자격을 주지만, 경품은 구매자와 비구매자 모두에게 개방하기 때문에 대상이 더 넓고 소비자가 부담 없이 참여할 수 있다는 장점이 있습니다.* 그렇지만 콘테스트는 소비자들이 자신의 솜씨를 발휘하려고 노력을 기울이기 때문에 그들의 주의를 더 끌 수 있고 흥미를 유발할 수 있는 장점이 있습니다.

* Shultz, Don, E., *Sales Promotion Essentials*, 김세민 역(2003), 《세일즈 프로모션 10기법》, 미래사.

브랜드 경험을 창조하라

경품 행사나 콘테스트는 소비자에게 일방적으로 브랜드를 전달하는 것이 아니라 소비자 스스로 브랜드를 경험할 수 있는 기회를 만들어 준다는 측면에서 훌륭한 브랜드 커뮤니케이션 수단입니다.

또한 일종의 소비자 추천(*endorsement*)이라 할 수 있는 소비자의 긍정적인 브랜드 경험을 자발적으로 확대 재생산한다는 측면에서 그 어떤 것보다 효과적인 판촉 수단이라고 할 수 있습니다. 최근 조명받는 바이럴 마케팅의 원조라고 할 수 있죠.

캐논 코리아는 캐논을 연상시키는 이미지의 사진을 공모하는 '캐논과 닮은 ○○○를 찾아주세요' 콘테스트를 실시했습니다(〈그림 6-12-1〉). 이 콘테스트는 국내 대표 사진작가 배병우, 김중만, 구본창을 모델로 한 ATL광고의

그림 6-12-1 캐논 콘테스트 닮았다 편.

그림 6-12-2 푸조 콘테스트 연비왕 편.

후속으로 실시되었습니다.

사진 대가들의 열정, 도전의식, 섬세함이 눈에 보이지 않는 상상력과 감동까지 표현하고자 하는 캐논의 철학과 닮았다는 것이 ATL광고의 컨셉인데, 이러한 컨셉을 이미지로 표현해 보도록 한 것이 바로 이 콘테스트입니다. 캐논의 철학과 이미지를 소비자들이 직접 경험하고 표현할 수 있도록 한 좋은 프로모션이었습니다.

2008년 푸조 자동차는 '연비왕 콘테스트'를 개최했습니다(〈그림 6-12-2〉). 푸조를 구입하는 고객을 대상으로 1년 동안 주유비를 지원하고 그 기간 동안 가장 좋은 연비를 달성한 고객에게 추가로 1년치 주유비를 지원하는 콘테스트였습니다. 이 콘테스트에 참가하면서 고객들은 푸조의 어떤 기능을 어떻게 사용할 때 연비를 절감할 수 있는지 직접 경험할 수 있었습니다.

다른 판촉 활동과 연계하라

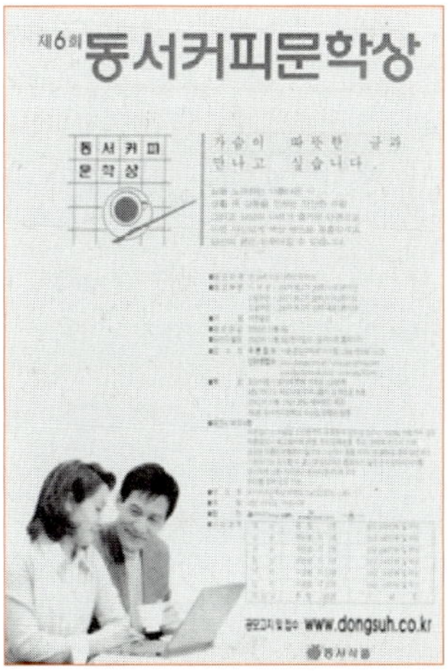

그림 6-12-3
동서식품 콘테스트 동서문학상 편.

경품 행사나 콘테스트는 다른 이벤트나 판촉 활동과 연계하여 진행하면 더욱 효과적입니다. 경품 행사나 콘테스트에 참가한 소비자들은 이미 한 번 걸러진 소비자들이기 때문에 그들의 관심과 흥미를 이어가는 것은 마케팅에서 큰 의미가 있기 때문입니다.

동서식품에서 매년 실시하는 '동서커피문학상' 콘테스트가 바로 그러한 예입니다(〈그림 6-12-3〉). 동서식품은 1970년대부터 '동서커피문학상' 콘테스트를 개최하고 있는데 2010년에는 문학상 콘테스트와 연계한 '멘토링 클래스'를 열었습니다. '동서커피문학상' 응모자들을 초대하여 시인, 소설가, 수필가, 동화작가 등 유명 작가들의 글쓰기 노하우를 전수하는 자리를 마련한 것입니다.

또한 이 클래스를 수료한 후 홈페이지에 후기를 남기면 그중에서 일부를 선발하여 '유명 작가와 떠나는 문학 기행'의 기회까지 제공했습니다.

데이터베이스를 구축하라

경품 행사나 콘테스트를 진행할 때는 참여하는 고객들의 이름, 주소, 전화번호, 직장 등을 반드시 기록하도록 하여 고객 데이터베이스를 구축하는 것이 필요합니다. 평소에 자신의 신상정보를 밝히기 꺼려하는 고객들도 행사에 필요한 경우라면 별 거부감 없이 자신의 신상정보를 제공하기 때문입니다.

이벤트 크리에이티브

이벤트event란

공익, 기업 이익 등 뚜렷한 목적을 가지고 치밀하게 사전에 계획되어 대상을 참여시킨 가운데 실행하는 사건 또는 행사를 총칭하는 말입니다. 판매촉진을 위한 특별 행사라는 뜻으로 스페셜 이벤트(special event)라고도 불립니다.

낯섦과 공감을 변주하라

사람들의 관심을 모으기 위해서는 낯섦(*defamiliarization*)과 공감(*sympathy*)의 변주가 필요합니다.

먼저, 사람들의 주의를 끄는 것은 낯섦입니다. 낯섦이란 친숙하지 않다는 뜻입니다. 친숙하다는 것은 어떤 대상에 대한 지각이 반복되어 습관화된 것을 말합니다. 반복된 습관을 속성으로 하는 일상적 표현으로 누군가의 이목을 끈다는 것은 상당히 어려운 일입니다. 따라서 습관화된 사고와 행동에서 벗어나 낯설고 새로운 발상을 시도해야 합니다.

사람들의 주의를 끄는 것은 낯섦이지만 사람들을 설득하는 것은 공감입니다. 공감이란 주위 사람들 혹은 현상(現象)과 자신 간의 심리적인 동일성을 경험하는 것을 말합니다. 대상의 입장을 이해하여 같은 기분을 경험하는 것이죠. 따라서 목표 소비자들의 공감대가 어디인지를 파악하여 그곳에 호소해야 합니다.

2005년 겨울, 서울 지하철 2호선 곳곳에서는 흥미로운 광경이 펼쳐졌습니다. 만화영화 주인공 '스머프'와 그 친구들이 지하철 역 혹은 열차 내에서 책을 읽고 있는 것이었습니다(〈그림 6-13-1〉). 지하철을 타고 가다가 책 읽는 스머프들을 본 사람들은 그 신기한 장면을 카메라에 담았습니다. 인터넷에는 책 읽는 스머프들의 사진과 그들의 정체에 대한 궁금증이 쏟아졌습니다. 방송과 잡지에서도 이 책 읽는 스머프들의 정체에 관심을 보이기 시작하여 마침내 책 읽는 스머프는 세간의 큰 화제가 되었습니다.

그림 6-13-1 해피 올 닷컴 이벤트 책 읽는 스머프 편.

이 책 읽는 스머프는 인터넷서점 해피 올 닷컴이 독서 붐을 일으키기 위해 기획한 깜짝 이벤트였습니다. 그저 만화영화의 주인공이 말 한마디 없이 책을 읽고 있었을 뿐인데 어떻게 이렇게 화제가 될 수 있었을까요?

사실 지하철에서 책을 읽는다는 것 자체는 공감을 일으킬 수는 있지만 주의를 끌 만한 것은 아니었습니다. 그러나 책을 읽는 것이 바로 스머프들이었기 때문에 얘기는 달라졌습니다. 스머프는 어린이들뿐만 아니라 어른들도 좋아하는 인기 캐릭터이고, 그들이 지하철에 나타나 책을 읽는다는 사실이 너무나 뜻밖이었던 것입니다.

기타 BTL 크리에이티브

기타 BTL

BTL은 ATL처럼 미디어가 정형화되어 있지 않습니다. 소비자의 눈이 닿는 곳에 있는 것이면 무엇이든 미디어가 될 수 있습니다. 따라서 크리에이티브에도 제한이 없습니다.

소비자를 참여시켜라

요즘 소비자들은 어떤 일이든 능동적으로 참여하고, 경험하기를 원합니다. BTL이 각광받는 것도 소비자들의 생활 속으로 침투하여 그들과 함께 느끼고 상호작용할 수 있기 때문일 것입니다. 따라서 광고에 소비자가 참여할 수 있는 여지를 남겨 두는 것이 좋습니다.

빈곤 아동을 돕는 국제기구 세이브 더 칠드런(Save The Children)은 2007년 인도에서 아동노동 착취개선 기금모금 캠페인을 벌이면서 아주 기발한 BTL 광고를 만들었습니다. 〈그림 6-14-1〉에서 보는 것과 같이 대형 쇼핑몰 로비에 무거운 짐 상자를 이고 있는 어린이 인형이 서 있습니다. 어린이가 이고 있는 짐 상자는 클러치(*clutch*)를 통해 다른 상자와 연결되어 있습니다.

그 상자에는 이렇게 쓰여 있습니다. "Your contribution can end child labour"(당신의 기부가 어린이 노동을 끝낼 수 있습니다). 사람들이 그 상자에 동전을 집어넣으면 무거워진 상자는 점점 아래로 처져서 그 상자와 연결된 소년의 짐이 점점 머리에서 멀어집니다.

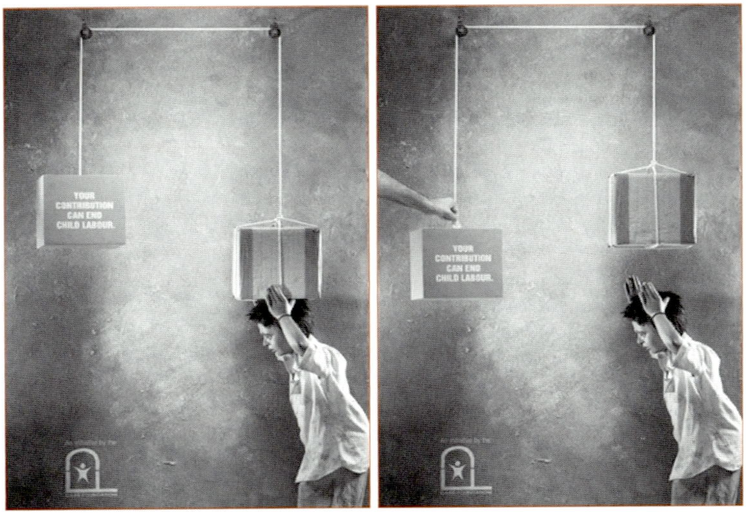

그림 6-14-1 Save the children BTL 짐 편.

자신의 동전 하나가 소년의 무거운 짐을 덜어 줄 수 있다는 것을 눈으로 직접 확인한 사람들은 더 적극적으로 모금에 참여하게 됩니다. 그 결과 약 1년 만에 50만 루피(한화로 약 1,250만 원)가 넘는 기금을 모금할 수 있었습니다.

동전을 매개로 소비자들의 참여를 이끌어낸 또 다른 BTL 광고가 바로 〈그림 6-14-2〉입니다. 중국 여성 계발재단의 물탱크 기부 캠페인입니다. 중국 서부지역은 물이 워낙 부족해서 늘 물탱크를 사용해야만 합니다. 그런데 개당 1,000위엔(한화로 약 16만 8천 원)하는 물탱크를 마련하지 못해서 물을 마시지 못하는 사람들이 많습니다. 그런 사람들에게 물탱크를 사주기 위한 기금을 마련하는 것이 이 캠페인의 목적입니다.

플라스틱으로 만든 모형 물탱크 옆에 어린이 인형이 떨어지는 물을 받아 먹으려고 입을 벌리고 있습니다. 물탱크에는 다음 같은 카피가 쓰여 있습니다. "당신의 작은 동전이 그들에게는 생명의 샘! 서부 중국 물 고갈지역에 더 나은 삶의 환경을 위해 물탱크를 마련하도록 도와주세요"(*Your pin money. His*

그림 6-14-2
중국 여성 계발재단 BTL 동전 편.

life fountain! Please help build water tanks in dry regions of West China, to improve the living conditions there). 사람들이 물탱크에 동전을 집어넣으면 물의 수심이 조금씩 높아져 마침내 어린이 인형의 입에 물이 떨어집니다. 주머니 안의 동전을 찾게 만드는 훌륭한 광고입니다.

눈을 의심하게 하라

소비자들 앞에는 너무나 많은 정보가 있습니다. 그 많은 것들 중에서 눈에 띄려면 평범한 것으로는 안 됩니다. 눈을 의심할 정도로 놀라운 것을 제시해야 합니다.

BMW Z4 로드스타(Roadster)는 2009년 특이한 런칭 광고로 화제를 모았습니다. 쇼룸(*showroom*)이 문을 닫는 시간인 밤 9시부터 새벽 4시까지 쇼룸의 창문에 홀로그램(*hologram*)[19]을 이용한 파격적인 광고를 노출한 것입니다(〈그림 6-14-3〉).

불 꺼진 쇼룸에 한 여자가 페인트 통을 들고 나타납니다. 창으로 다가가더니 갑자기 페인트를 창에 끼얹습니다. 파랑, 빨강, 노랑, 초록의 총 천연색 물감이 창에 번집니다. 그 속에서 서서히 차의 아웃라인이 생기더니 마침내

---

19 빛의 간섭을 이용해 일상생활 속에서 볼 수 있는 물체와 다름없는 3차원 영상의 정보를 사진 필름에 기록하는 기술을 '홀로그래피'(*holography*)라 하며, 그러한 기술을 통해 물체의 영상이 기록된 사진필름 또는 재현된 영상을 '홀로그램'(*hologram*)이라 함.

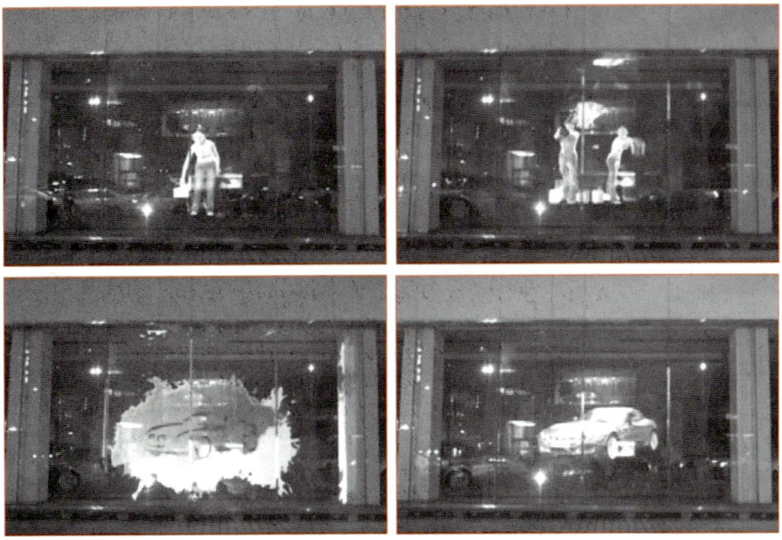

그림 6-14-3 BMW Z4 Roadster BTL 홀로그램 편.

BMW Z4 Roadster로 변합니다. 깜깜한 밤에 매장 앞을 지나가던 사람들은 마치 전위예술과 같은 이 장면에 넋을 잃고 맙니다. 실제로 사람이 쇼룸 안에 있는 것이 아닌가 하고 눈을 의심하는 사람도 있었습니다.

2008년 4월 13일 아침, 스위스 취리히의 한 거리에는 깨진 화분들이 즐비했습니다(〈그림 6-14-4〉). 밤새 어디선가 떨어진 듯 보였습니다. 그 날은 바로 13일의 금요일. 사람들은 불길한 느낌이 들어 눈을 떼지 못했습니다. 화분을 자세히 들여다보니 작은 팻말에 이렇게 쓰여 있었습니다. "Today is Friday the 13th. Are you well insured?"(오늘은 13일의 금요일입니다. 보험은 들어놓으셨나요?). 바로 취리히 금융서비스(Zurich Financial Services)의 옥외광고였습니다.

화분에는 무료로 컨설팅을 받을 수 있는 전문 보험설계사의 명함도 들어 있었습니다. 만일 깨진 화분이 아니라 예쁘고 싱싱한 화분이 거리에 놓여 있었더라면 어땠을까요? 사람들의 눈은 즐거웠겠지만 광고는 별 화제가 되지

그림 6-14-4 Zurich Financial Services BTL 화분 편.
그림 6-14-5 호주 적십자 BTL 모금함 편.

못했을 것입니다.

우리는 흔히 모금함에 돈 몇 푼 넣고 좋은 일을 했다고 위안을 받곤 합니다. 그런데 과연 돈이면 다 해결되는 것일까요? 호주 적십자는 돈이 전부가 아니라는 것을, 돈보다 더 필요한 것이 있다는 것을 보여주는 BTL 광고를 만들었습니다. 〈그림 6-14-5〉에서 보는 것과 같이 모금함에 돈은 없고 피만 반쯤 차 있습니다. 모금함에 웬 피? 눈을 의심하지 않을 수 없습니다.

모금함 앞에는 이런 카피가 쓰여 있습니다. "Money isn't everything. Save up to three without spending a cent"(돈이 전부는 아닙니다. 단돈 1센트도 들이지 않고 세 사람의 목숨을 구하십시오). 헌혈은 죽어가는 사람들의 목숨을 구하는 일로, 돈을 기부하는 것보다 더 귀한 일이라는 것을 간절하게 호소하고 있습니다.

화젯거리를 만들어라

"발 없는 말이 천 리 간다"는 속담이 있습니다. 사람들의 입에서 입으로 빠르게 퍼지는 말의 파급력을 경계하는 금언입니다. 생활을 할 때는 입을 되도록 조심해야겠지만 광고를 할 때는 입을 되도록 활용하는 것이 좋습니다. 광고 효과 면에서 보자면 사람들의 입은 광고 메시지를 빠르게 전달하는 훌륭한 미디어이기 때문입니다.

그림 6-14-6 로드니 주 BTL 소녀의 혼령 편.

2008년 11월, 뉴질랜드 오클랜드 로드니(Rodney) 주의 주요 거리 곳곳에는 빨간 장화를 신은 어린 소녀의 사진이 세워졌습니다(〈그림 6-14-6〉). 쇼핑몰 앞에도, 공원에도, 놀이터에도, 학교 앞에도, 도로 옆에도 어린 소녀가 말없이 서 있었습니다. 사람들 사이에서는 이 어린 소녀의 사진을 누가 세웠는지, 왜 세웠는지에 대한 여러 가지 억측이 난무했습니다. 2주 동안 사람들은 모이기만 하면 이 어린 소녀에 대해 이야기했습니다.

2주가 지난 어느 날, 어린 소녀의 손에는 이런 표지판이 들려졌습니다. "The kids you kill never leave you. Slow down near schools"(당신이 죽인 아이의 혼령은 당신을 절대 떠나지 않습니다. 학교 주변에서는 속도를 줄이세요). 과속으로 인한 사고를 방지하기 위해 주 의회에서 진행한 과속방지 캠페인이었습니다.

고객의 행동을 분석하라

BTL은 고객의 라이프스타일을 TPO(*Time, Place, Occasion*)로 나누어 각각의 상황에 맞는 메시지를 전달할 수 있다는 것이 큰 장점입니다. 따라서 고객의 행동을 시간, 장소, 상황으로 나누어 분석해 보고, 그에 적합한 메시지를 개발하는 것이 필요합니다.

〈그림 6-14-7〉은 런던 커뮤니케이션 대학(London college of communication)의 옥외광고입니다. 뒷골목에서 흔히 볼 수 있는 그래피티(*graffiti*) 옆에 붉은 스티커를 살짝 붙여 놓았습니다. 카피는 "Learn to draw"(그림을 배우세요). 물론 스티커에는 대학의 홈페이지 주소가 쓰여 있습니다.

런던 커뮤니케이션 대학은 영화, 그래픽, 방송 등 대중예술 분야가 특화된 대학입니다. 〈그림 6-14-7〉의 그래피티를 그린 사람처럼 예술에 대한 열정은 있지만 제대로 배울 기회가 없었던 사람들에게 좋은 대학입니다. 고객이 될 만한 사람들의 행동을 면밀히 분석하여 적절한 접점을 찾아낸 훌륭한 사례입니다.

그림 6-14-7 런던 커뮤니케이션 대학 BTL 낙서 편.

오감을 자극하라

사람들이 받아들이는 정보의 80%는 시각을 통한 것입니다.[20] BTL 광고 크리에이티브도 주로 시각에만 의지해 왔습니다. 그러나 사람에게는 시각 이외에도 청각, 촉각, 후각, 미각 등의 훌륭한 감각기관이 있습니다. 이러한 감각을 잘 이용하면 소비자들의 주의를 끌 수 있을 뿐 아니라 그들의 마음속에 더 깊게 가닿을 수 있습니다.

방향제 렉소나(Rexona)는 후각을 자극하는 광고로 지나가는 사람들의 발길을 잡았습니다. 제품을 뿌린 수백 장의 접착식 메모지(일명 포스트잇)로 대형 광고판을 만든 것입니다(〈그림 6-14-8〉). 카피는 "Protection + Fragrance Incredible"(보호 + 향기 믿어지지 않아요). 광고판 일대는 이 향기로 가득 차서 사람들은 도저히 그냥 지나칠 수가 없었습니다. 향기에 끌려온 여성들은 광고 앞에서 향기를 직접 맡아보기도 하고 한 장씩 떼어가기도 했습니다. 제품 샘플로 광고판을 만든다는 생각! 쉽지만 흔하지는 않죠.

그림 6-14-8 Rexona Women BTL 후각 편.

20 Arter, Cristine(1999), *Children with Visual Impairment in Mainstream Settings*, Fulton.

그림 6-14-9 메탈락 역도 클럽 BTL 역기 편.
그림 6-14-10 빙그레 바나나맛 우유 BTL 노래 편.

메탈락 역도 클럽(Metalac weight lifting club)은 운동을 차일피일 미루는 사람들에게 운동을 시작하는 계기를 만들어주는 것으로 광고를 대신했습니다. 〈그림 6-14-9〉에서 보는 것과 같이 대형 쇼핑몰 입구에 역기가 하나 놓여 있습니다. 역기 앞에는 이런 포스터가 붙어 있습니다. "Think you can do it?"(들 수 있을 거라고 생각하세요?) 가볍게 보이기 때문에 지나가는 사람들이 한 번씩 들어보려고 시도합니다. 하지만 절대 들리지 않습니다. 미리 콘크리트 바닥에 붙여놓았기 때문입니다. 쉽게 들리지 않는 역도. 아무리 애를 써도 들리지 않는 역도. 사람들은 운동의 필요성을 몸으로 느끼게 됩니다.

2010년 여름 코엑스 밀레니엄 광장을 지나가던 사람들은 한 번씩 깜짝 놀랐습니다. 광장에 세워진 대형 바나나 맛 우유 조형물 옆을 지나가자 갑자기 노래가 흘러나왔기 때문입니다(〈그림 6-14-10〉).

> "바나나나나 우~유 바나나나나 우~유 맛있어~ 내가 널 좋아해~ 바나나나나 우~유 바나나나나 우~유"

삼바 풍의 흥겨운 노래가 흘러나오자 사람들은 걸음을 멈추고 신기한 듯 바라보았습니다. 평범한 조형물인줄 알았는데 거기서 노래가 나오고, 노래에 맞춰 우유가 아래위로 출렁이기까지 하니 신기하고 놀라울 수밖에요. '노래하는 우유'는 코엑스를 방문한 수많은 사람들의 카메라에 담겨서 전파되었고, 곧 인터넷에서 재미있는 화젯거리가 되었습니다.

노출 맥락을 이용하라

광고는 홀로 존재하고 홀로 작용하는 것이 아닙니다. 광고가 노출되는 시간, 장소, 상황, 미디어 등이 함께 작용하여 광고효과를 가져옵니다. 따라서 광고가 노출될 때의 여러 가지 맥락을 잘 이용하면 광고효과를 더욱 높일 수 있습니다.

구인구직 사이트 잡 인 타운(jobsintown.de)은 사람들이 갖가지 자동화기기를 사용할 때의 맥락을 이용해서 광고 메시지를 전달했습니다. 〈그림 6-14-11〉의 첫 번째 광고는 자동주유기에 랩핑된 광고입니다. 지불된 돈만큼 자동으로 기름이 나오는 자동주유기 안에서 한 남자가 기름을 계량해 넣고 있습니다. 두 번째 광고는 담배자판기에 랩핑된 것입니다. 자동으로 필터 담배가 나오는 담배자판기 안에서 한 남자가 종이에 담배를 말고 있습니다. 세 번째 광고는 자동 사진인화기에 랩핑된 광고입니다. 자동으로 사진이 인화되어 나오는 자동 사진인화기 안에서 한 남자가 직접 사진을 인화하고 있습니다. 네 번째 광고는 커피자판기에 랩핑된 것입니다. 자동으로 커피가 믹스되어 나오는 커피자판기 안에서 한 여자가 손으로 커피를 믹스하고 있습니다.

모두 필요 없는 일에 시간과 노력을 낭비하고 있는 것을 보여주고 있습니다. 광고 카피는 이렇게 말합니다. "Life's too short for the wrong job"(잘못된 직업으로 살기엔 인생은 너무 짧습니다). 사용하고 있는 기계와 그 사용 맥락이 메시지의 설득력을 더 증가시키고 있습니다.

KT 쿡은 대형 할인마트 계산대 옆 포장대에 스티커를 붙였습니다(〈그림 6-14-12〉). 스티커에는 이런 카피가 쓰여 있습니다. "빠짐없이 쿡쿡 담으셨나요? 집에서 쿡 Qook." 계산을 마친 쇼핑객들이 여러 가지 물건을 쇼핑백에 쿡쿡 눌러 담는 맥락을 이용한 것입니다. 쿡이라는 브랜드의 특징과 브랜드명을 효과적으로 전달하고 있습니다.

앞에서도 몇 번 소개한 적 있는 미스터리 보드게임 클루(Clue)는 사람들이 화장실에서 손을 씻는 맥락을 이용했습니다. 세면대 옆 물비누에 붉은색의

그림 6-14-11 잡 인 타운 BTL 잘못된 일 편.

세제를 담아 놓았습니다(〈그림 6-14-13〉). 붉은색 물비누로 손을 닦는 사람은 마치 자신이 손에 묻은 피를 씻고 있는 살인범처럼 느껴집니다. 거울에는 이런 카피가 쓰여 있습니다. "Everyone's a suspect"(누구나 용의자가 될 수 있다). 사건의 용의자가 된 듯한 흥분을 경험한 사람들은 어느덧 미스터리 게임에 한 발짝 다가선 셈입니다.

코카콜라도 화장실 안에서의 맥락을 이용했습니다. 화장실 벽에 손을 뻗어 무언가를 잡으려고 하는 사람들의 사진이 붙어 있습니다(〈그림 6-14-14〉). 카피는 "Almost got it?"(잡을 뻔했죠?) 무엇을 잡을 뻔했다는 말인지 알 수 없습니다.

그러나 맞은편에 있는 거울을 보는 순간 알게 됩니다. 사진속의 사람들이 잡으려고 했던 것은 바로 코카콜라였다는 것을. 거울에는 코카콜라 제품 스티커가 붙어 있는데 맞은편 벽에 있는 사람들 사진이 거울에 비춰져서, 마치 그

그림 6-14-12 쿡 BTL 계산대 편.
그림 6-14-13 클루 BTL 물비누 편.

그림 6-14-14 코카콜라 BTL 거울 편.

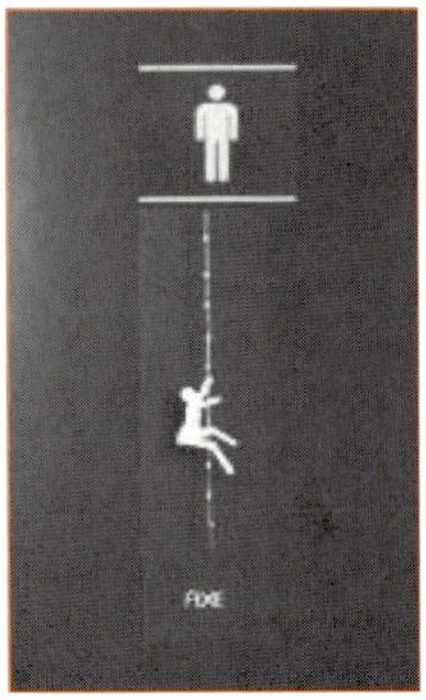

그림 6-14-15 AXE BTL 화장실 편.

그림 6-14-16 AXE BTL 비상구 편.

들이 손을 뻗어 코카콜라를 잡으려는 것 같이 보입니다. 사람이 움직일 때마다 시선의 각도가 달라지기 때문에 코카콜라는 결코 그들의 손 안에 들어가지 않습니다. 결국 사람들은 계속 애타게 코카콜라를 원하게 되는 셈입니다. 사면이 벽으로 둘러싸인 화장실에서 거울을 보게 된다는 맥락을 잘 이용한 사례입니다.

이번에는 화장실에 들어갈 때의 맥락을 이용한 사례입니다. 남성용 방취제 액스(AXE)는 남자 화장실 표지 아래 여성이 밧줄을 타고 올라가는 모습의 스티커를 붙였습니다(〈그림 6-14-15〉). 마치 남자 화장실 표지 속의 남자를 향해 여성이 기를 쓰고 올라가는 것처럼 보입니다. 이를 보고 부러움을 느낀 남자, 화장실 거울 앞에 서서 자신의 모습을 보며 어떻게 하면 저런 매력을 가질 수 있을까 생각하겠죠? 액스가 전달하고자 하는 것은 액스가 바로 그 방법이라는 것!

같은 액스 광고로 비상구 안내표지를 이용한 것도 있습니다. 〈그림 6-14-16〉에서 보듯이 비상구 안내표지 옆에 여성들이 우르르 쫓아가는 모습의 스티커를 붙였습니다. 마치 표지 속의 남자가 이 여성들에게 쫓겨서 비상구로 도망가는 것처럼 보입니다. 이 역시 이성에게 매력 있는 남자가 되기 위해서는 액스가 필요하다는 것을 전달하고 있습니다.

화장실 시리즈가 계속 이어집니다. 스포츠 오락전문 채널 ESPN은 남성용 변기 안에 광고물을 설치했습니다. 바로 미니어처 축구 골대와 축구공입니다(〈그림 6-14-17〉). 남자들이 소변을 볼 때 요리조리 장난을 친다는 것은 다 알고 있는 사실이죠? 그런 남자들의 습성에서 힌트를 얻어 이왕이면 축구공으로 장난을 쳐보라고 설치한 것입니다. 한참 장난을 치다가 앞을 보면 벽에 이런 카피가 쓰여 있습니다. "Soccer is good anywhere, but it is much better on ESPN channels"(축구는 어디서 해도 재미있습니다. 그러나 ESPN 만큼은 아니죠).

그림 6-14-17 ESPN BTL 축구 편.

초콜릿 바(*bar*) 밀키웨이(Milky Way)는 초콜릿 바 속에 캐러멜이 풍부하게 들어있다는 것을 다양한 맥락에서 소비자들이 느낄 수 있도록 했습니다. 〈그림 6-14-18〉의 첫 번째 그림은 음식점의 대기자 안내 라인을 초콜릿 바 속의 캐러멜이 길게 늘어진 모양으로 만든 것입니다.

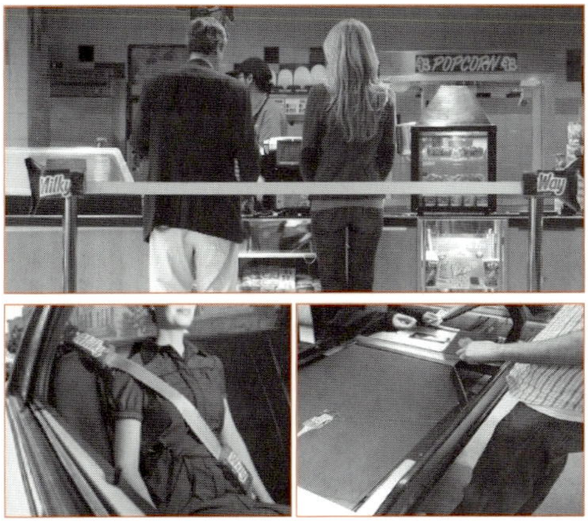

그림 6-14-18 밀키웨이 BTL 벨트 편.

두 번째 그림은 자동차 좌석 벨트를 초콜릿 바 모양으로 만들어서 벨트를 쭉~ 빼면 바 속의 캐러멜이 길게 늘어진 것처럼 보이게 만들었습니다. 세 번째 그림은 슈퍼마켓 계산대의 컨베이어 벨트를 이런 식으로 만든 것입니다. 별 생각이 없다가도 이 광고들을 보면 초콜릿 바 속의 쫄깃

한 캐러멜을 베어 물고 싶어지지 않을까요?

브라질의 뷰티센터 리비타(Revita)는 쇼핑센터의 에스컬레이터에서 쇼핑객들이 내려설 때의 맥락을 이용했습니다. 에스컬레이터가 끝나는 지점에 여성이 엎드려 있는 사진을 붙여놓았습니다(〈그림 6-14-19〉). 사람들이 어쩔 수없이 이 사진을 밟고 지나가겠죠? 사진에는 이런 카피가 쓰여 있습니다. "Relax with Shiatsu"(시아추로 피곤을 푸세요). 시아추란 일본식 지압 마사지를 말합니다. 마치 누가 밟아 주는 것처럼 시원하게 지압 마사지를 해준다는 뜻입니다. 여성의 등을 밟고 지나가면서 쇼핑객들은 장시간 쇼핑으로 피곤해진 몸을 누가 이렇게 꾹꾹 눌러주면 참 시원하겠다는 생각을 하게 될 것입니다.

전화 수화기를 들고 내리는 맥락도 놓치지 않았네요. 루마니아 여성인권 보호협회는 공중전화 수화기에 남성의 주먹 사진을 랩핑하고 수화기가 걸리는 부분에 멍이 든 여성의 얼굴 사진을 랩핑했습니다(〈그림 6-14-20〉). 수화기가 내려져 있을 때는 남성이 여성을 때리는 모양이 되고, 수화기를 들면

그림 6-14-19
리비타 BTL 에스컬레이터 편.

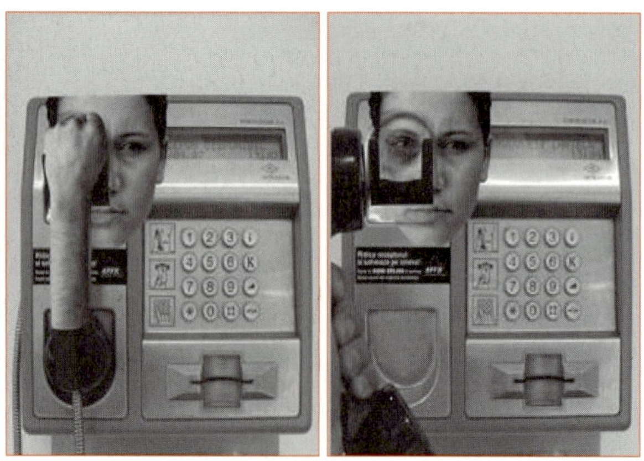

그림 6-14-20 루마니아 여성인권 보호협회 BTL 전화기 편.

여성의 얼굴에서 남성의 주먹을 떼어내는 모양이 됩니다. 신고전화 한 통이 가정폭력에서 여성을 구하는 것이라는 의미죠.

여성의 얼굴 아래에는 이런 카피가 쓰여 있습니다. "Pick up the phone and save somebody! Call (0256) 293 203 and report domestic violence situations"(전화를 들고 누군가를 구해주세요! (0256) 293 203로 전화를 해서 가정폭력 상황을 알려주세요). 전화를 사용하려고 무심코 수화기를 들었던 사람은 가정폭력에 대한 경각심과 함께 신고의 필요성을 느끼게 됩니다.

직접 체험하게 하라

백문이 불여일견(百聞不如一見)이라는 말이 있습니다. 말이나 글보다는 직접적인 체험이 훨씬 더 효과적이라는 말입니다. BTL은 대중매체를 통하지 않고 소비자를 직접 만난다는 측면에서 기본적으로 ATL보다 더 체험적입니다. 그러나 만나는 것만으로는 충분하지 않습니다. 만남과 동시에 인상 깊은 체험을 할 수 있는 방법을 찾아야 합니다.

하우젠 다이아몬드 드럼 세탁기는 여성들에게 다이아몬드의 매력을 직접 체험할 수 있게 했습니다. 멀티플렉스 여자 화장실의 거울에 다이아몬드 목걸이 스티커를 부착하여 손을 닦기 위해 거울 앞에 선 여성들이 다이아몬드 목걸이를 착용한 듯한 기분을 느낄 수 있도록 했습니다(〈그림 6-14-21〉). 카피는 "다이아몬드에 넘어간 여자, 708개의 다이아몬드."

그림 6-14-21
하우젠 다이아몬드 드럼세탁기 BTL 목걸이 편.

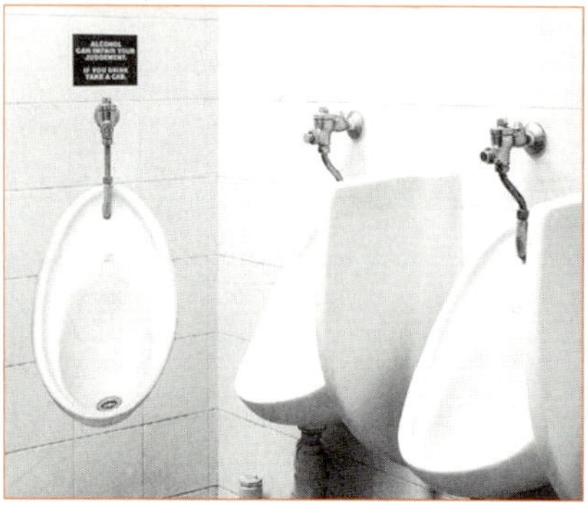

그림 6-14-22
음주운전 방지 캠페인 BTL 가짜 변기 편.

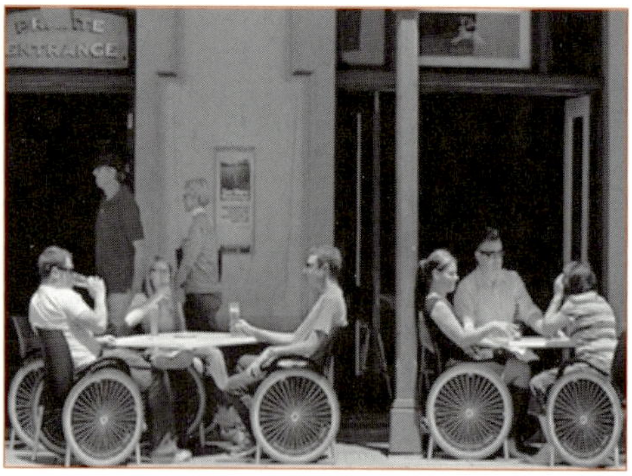

그림 6-14-23 Paraquad SA BTL 휠체어 편.

다이아몬드가 주는 만족감과 우월감을 직접 느끼게 하여 다이아몬드 드럼 세탁기에 대한 관심을 높이고 있습니다.

몸으로 직접 느끼기 전에는 쉽게 인정하기 힘든 것 중 하나가 바로 자신이 술에 취했다는 사실입니다. 대부분의 사람들은 자신이 술을 마셨어도 정신은 말짱하고 운전을 해도 크게 무리가 없다고 생각합니다. 음주운전이 근절되지 않는 이유가 바로 그것이죠. 그래서 스스로 술에 취했다는 것을 느끼게 만드는 공익광고가 있습니다.

〈그림 6-14-22〉에서 보는 것과 같이 화장실에 변기가 3개 있습니다. 그러나 자세히 본 사람은 알아차렸겠지만 가장 왼쪽의 변기는 실제 변기가 아 니라 벽에 부착된 사진입니다. 술을 마신 사람은 순간적으로 착각을 해서 그 앞에서 소변을 볼 수도 있겠죠. 벽으로 줄줄 흘러내리는 소변을 보면서 자신이 술에 취했다는 것을 느끼게 될 것입니다. 변기 위에는 이런 카피가 쓰여 있습니다. "Alcohol can impair your judgement. If you drink, take a cab"(알코올은 당신의 판단력을 흐립니다. 술을 마셨으면 택시를 타세요).

음주운전을 말리는 또 하나의 방법! 장애인 자립 생활지원센터 파라쿼드 SA(Paraquad SA)는 술집 의자에 휠체어 바퀴 사진을 붙여놓았습니다(〈그림

그림 6-14-24 파이오니어 BTL 서스펜션 편.

그림 6-14-25 맥킨지 대학 BTL 낭떠러지 편.

6-14-23〉). 술을 마시고 있는 사람들이 모두 휠체어에 앉아있는 것처럼 보입니다. 휠체어에는 이런 카피가 쓰여 있습니다. "Don't drink and drive this festive season"(이번 축제 때는 술 마시고 운전하지 맙시다). 술 마시고 운전하면 휠체어 신세를 질 수도 있다는 것을 몸소 체험하게 하고 있습니다.

서스펜션[21]이 좋다 … 말로 전달이 잘 될까요? 직접 느껴보는 것만큼 확실한 것은 없을 것입니다. 파이오니어(Pioneer) 자동차는 서스펜션이 좋다는 것을 느끼게 하기 위해 도로 위에 광고를 했습니다. 주행 도중 전면에 도로가 심하게 패여 있는 것이 보입니다(〈그림 6-14-24〉). 피하기에는 이미 늦었고, 운전자는 잔뜩 긴장한 채 지나갑니다. 그러나 생각과 달리 아무런 충격이 없습니다. 도로 바닥을 보니 이런 카피가 쓰여 있습니다. "Feels like pioneer suspension"(파이오니어 서스펜션 같아요). 노면의 충격이 운전자에게 전달되지 않는다는 것을 몸으로 느끼게 한 광고입니다.

착시를 이용해서 느끼게 만드는 광고 하나 더! 맥킨지(Mckinsey) 대학은 학생들의 마약 복용이 늘자 이를 막기 위해 캠퍼스 한가운데에 깊은 낭떠러지를 만들었습니다(〈그림 6-14-25〉). 물론 이 낭떠러지는 실제가 아니라 대형 사진

21 자동차의 구조장치로서 노면의 충격이 차체나 탑승자에게 전달되지 않게 충격을 흡수하는 장치. 현가장치(懸架裝置)라고도 함.

그림 6-14-26 Science World BTL 몸무게 편.

을 랩핑한 것입니다. 갑자기 길이 끊겨 당황한 학생들은 표지판을 보게 됩니다. 표지판에는 이렇게 쓰여 있습니다. "That's how drugs are the end of the line"(이처럼 마약은 세상의 끝입니다). 낭떠러지의 아찔함을 직접 느끼게 해서 마약의 위험성을 깨닫게 하고 있습니다.

초·중생을 위한 과학 잡지 〈사이언스월드〉(*Science World*)는 어린이들이 과학에 좀더 관심을 갖고 접근하게 만들기 위해서 신기한 과학적 현상을 몸소 체험할 수 있는 광고를 만들었습니다. 〈그림 6-14-26〉에서 보는 것과 같이 몸무게를 잴 수 있는 체중계를 엘리베이터의 조작기판 아래 설치했습니다. 체중계에는 "You weigh less on the way down"(내려갈 때는 몸무게가 줄어요)이라는 카피가 쓰여 있습니다. 엘리베이터가 내려갈 때 실제로 몸무게가 줄어드는 것을 직접 확인한 어린이는 신기한 과학의 세계로 한 발짝 더 다가갈 수 있을 것입니다.

비교 혹은 대조하라

'대조 효과'(*contrast effect*)라는 것이 있습니다. 처음에 제시된 조건과 나중에 제시된 조건이 차이를 보일 경우, 사람들은 그 차이를 실제보다 더 크게 인식한다는 것이죠.[22] 사람들의 인식 속에는 이런 대조 효과가 항상 자리 잡고 있으므로 광고에서도 이를 적절히 활용할 필요가 있습니다.

---

22 Cialdini, Robert B(2001), *Influence: Science and Practice(4th ed.)*, 이현우 역(2005), 《설득의 심리학》, 21세기북스.

그림 6-14-27 Hospital de clicas BTL 번호표 편.
그림 6-14-28 Milwaukee riverkeeper.org BTL 수영장 편.

브라질 클리카스 병원(Hospital de clicas)은 장기기증 캠페인을 벌이면서 병원의 외래진료 대기자 번호표를 이용했습니다. 장기기증을 기다리는 사람과 병원진료를 기다리는 사람 양쪽 다 기다린다는 공통점이 있습니다. 그러나 기다림의 정도는 차이가 크죠.

〈그림 6-14-27〉은 한 외래진료 대기자가 뽑은 번호표입니다. 06이라는 대기번호 아래에 61,702이라는 숫자가 있습니다. 숫자 아래에는 다음과 같이 쓰여 있습니다. "This could be your number if you needed organ transplant"(이것은 당신이 장기 이식을 해야 할 때 당신의 대기번호일 수 있습니다). 겨우 여섯 명을 기다리는 데도 이렇게 지루한데 61,702명이라면… 장기이식 대기자의 기다림이 얼마나 막막할지 비교를 통해 절실히 느끼게 합니다.

환경운동단체인 밀워키 리버키퍼(Milwaukee Riverkeeper)는 하수구가 있는 벽 위에 어린이 물놀이 시설을 그려 넣었습니다(〈그림 6-14-28〉). 가장 오염된 물과 가장 깨끗해야 할 물을 서로 대비시켜놓은 것이죠. 카피는 "A clean river is a fun river"(깨끗한 강은 즐거운 강입니다). 물을 오염시키지 말아야겠다는 생각이 자연스레 들게 만듭니다.

새로운 제안을 하라

광고도 하나의 뉴스입니다. 사람들은 광고를 통해 새로운 정보를 얻고 새로운 라이프스타일을 배웁니다. 따라서 광고에서 새로운 제안을 하는 것은 소비자들의 관심을 모으는 좋은 방법입니다.

미국 노스캐롤라이나 샬롯시의 도로교통국은 BTL 광고를 통해 시민들에게 새로운 제안을 했습니다. 〈그림 6-14-29〉에서 보는 것처럼 자동차가 질주하고 있는 도로변에 자전거 한 대가 세워져 있습니다. 자전거에는 시의 제안이 담긴 광고판이 붙어 있습니다. 첫 번째 그림은 "Zero emissions, unless you count sweat"(땀을 제외한다면, 배기량은 0) 이라는 내용. 가스를 태우는 데 드는 비용이 없는 자전거를 타라는 제안입니다.

두 번째 그림은 "Burn calories, not fuel"(연료 말고, 열량을 태우세요) 이라는 내용. 열량을 태워 몸을 건강하게 하는 자전거를 타라는 제안입니다.

그림 6-14-29
노스캐롤라이나 샬롯 BTL 자전거 편.

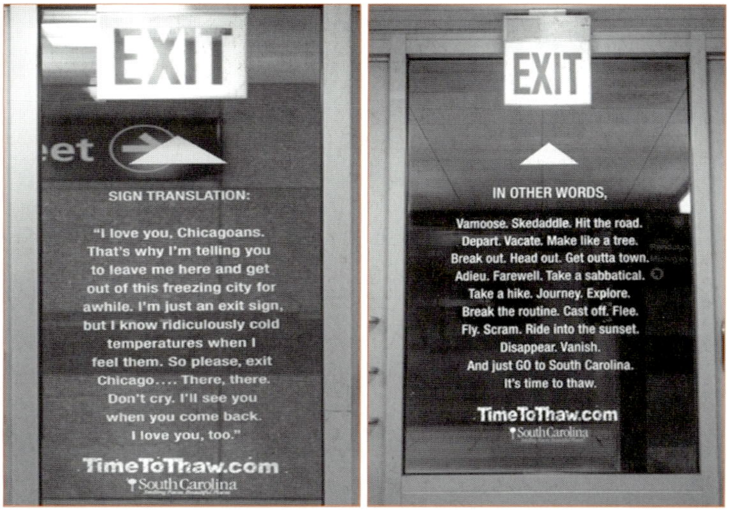

그림 6-14-30 타임투소우 BTL 비상구 편.

세 번째 그림은 "Runs on alternative fuel, like donuts"(도넛 같은 대체 연료로 달리세요) 라는 내용. 연료 고갈을 피할 수 있는 자전거를 타라는 제안입니다. 자신의 경제, 건강 그리고 지구의 미래를 위해 자전거를 타라는 제안으로 시민들의 관심을 모으고 있습니다.

이번엔 사우스캐롤라이나의 제안입니다. 사우스캐롤라이나의 타임투소우(TimeToThaw) 라는 여행사는 비상구(*Exit*) 를 새롭게 해석함으로써 사람들에게 신선한 제안을 했습니다(〈그림 6-14-30〉). 비상구에 적힌 제안의 내용은 다음과 같습니다.

> EXIT. 기호 번역: 저는 시카고 시민을 사랑해요. 저를 여기 남겨두고 잠시 이 싸늘한 도시를 떠날 것을 제안하는 것도 다 여러분을 사랑하기 때문이에요. 저는 비상구 기호일 뿐이지만 차가운 공기의 느낌을 알아요. 그러니 제발 시카고를 떠나세요. 거기, 거기. 울지 말아요. 돌아오면 저를 다시 볼 수 있어요. 저도 당신을 사랑해요.

> EXIT. 다른 말로, 급히 떠남. 서둘러 감. 길을 나섬. 출발. 떠남. 나무처럼 만들기. 탈옥. 머리 내밀기. 도시 떠나기. 안녕. 작별. 안식. 하이킹하기. 여행. 탐험. 일상 타파. 풀어 던짐. 도망. 비상. 꺼짐. 일몰 감상. 사라짐. 추방. 그리고 그냥 사우스캐롤라이나 가기. TimeToThaw에요.

비상구를 단순히 재난을 피해 탈출하는 곳이 아니라, 일상을 탈출하는 곳으로 다시 해석하고, 시민들에게 일상을 떠나 여행을 해볼 것을 제안하고 있습니다. 일상에 지친 도시인들에게는 솔깃한 제안이 아닐까요?

움직임을 생각하라

움직일 수 있는 미디어는 그리 많지 않습니다. TV가 움직이는 미디어라고는 하지만, 사실 TV는 움직임을 보여주는 것이지 미디어 자체가 움직이는 것은 아닙니다. 미디어 자체가 움직일 수 있는 것은 BTL뿐입니다. 그러니 그 특성을 마음껏 활용할 필요가 있습니다.

움직이는 미디어의 대표적인 것이 바로 엘리베이터입니다. 알리안츠 생명은 엘리베이터의 문을 마치 은행 금고의 문처럼 꾸몄습니다(〈그림 6-14-31〉). 문이 열리면 그 안에는 이런 카피가 쓰여 있습니다. "Keep your money in a safe place. Allianz life"(안전한 곳에 돈을 맡기세요. 알리안츠 생명). 엘리베이터처럼 누구나 들락날락할 수 있는 은행금고가 아니라 안전한 알리안츠 생명에 돈을 맡기라는 내용입니다.

이번에는 양쪽으로 열리는 엘리베이터를 이용한 광고입니다. 모발 강화제 폴리덤(Folliderm)은 엘리베이터의 바깥쪽 문에 머리숱이 많은 남자의 모습을 랩핑했습니다(〈그림 6-14-32〉). 그리고 안쪽 벽에는 대머리가 된 같은 남자의 모습을 랩핑했습니다. 문이 열리면 남자의 머리카락이 점점 없어져서

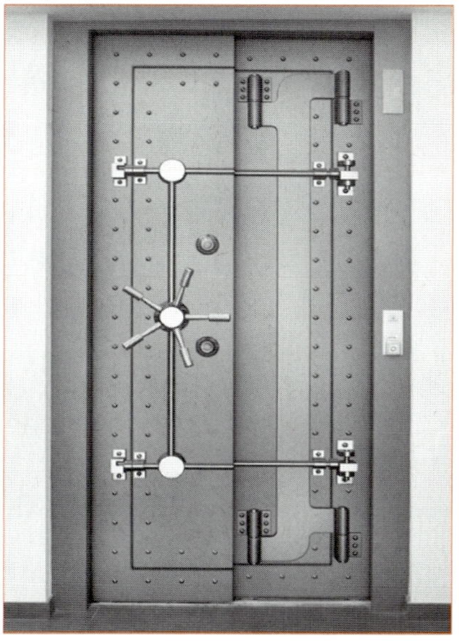

그림 6-14-31 알리안츠 생명 BTL 금고 편.

그림 6-14-32 Folliderm BTL 대머리 편.

그림 6-14-33 Neunkirchen 동물원 BTL 악어 편.

마침내 대머리가 됩니다. 열린 문 안에는 이런 카피가 쓰여 있습니다. "Scared of losing your hair? Ask your doctor about…"(머리카락이 빠지는 것이 걱정되세요? 의사에게… 상담하세요). 대머리가 되기 전에 모발 강화제를 사용하라는 말입니다.

엘리베이터는 그 자리에서 움직이는 것이지만 장소 자체를 옮겨서 혹은 옮겨 다니면서 광고할 수도 있습니다. 독일의 노인키르센(Neunkirchen) 동물원은 사람들이 많이 모인 곳에 움직이는 광고물을 등장시켜서 눈길을 끌었습니다. 개의 뒷발에 입을 크게 벌린 악어 인형을 달아서 마치 개가 악어에게 잡아먹히고 있는 것 같이 보이게 한 것입니다(〈그림 6-14-33〉). 개가 그런 모습을 한 채 돌아다니면 사람들은 약육강식의 동물의 세계를 그대로 느낄 수 있습니다. 동물원에 대한 호기심을 자극할 수 있는 좋은 방법이지요.

눈으로 확인시켜라

그림 6-14-34 오만 산림보호 캠페인 BTL 휴지케이스 편.

BTL의 장점은 실제감입니다. 매스미디어를 거치지 않고 바로 소비자와 만나기 때문입니다. 소비자들이 실물을 직접 눈으로 확인하고 느낄 수 있다는 장점을 충분히 활용할 필요가 있습니다.

휴지가 나무라는 것. 휴지를 만들기 위해서는 수십 년간 키운 나무를 베어야 한다는 것. 모두가 잘 알고 있는 사실이지만 평소에 그것을 느낄 기회는 별로 없습니다. 그것을 느낄 수 있게 한 것이 바로 〈그림 6-14-34〉입니다. 2008년 오만에서 진행된 산림보호 캠페인인데요. 화장실 휴지 케이스를 나무토막으로 만들었습니다.

휴지를 쓰려면 나무토막에서 빼야 합니다. 나무토막 위에는 이런 카피가 쓰여 있습니다. "270,000 trees are flushed down the toilet or end up as garbage every day around the world. Use tissues sparingly"(매일 27만 그루의 나무들이 화장실로 씻겨내려 가거나 쓰레기로 변합니다. 휴지를 아껴서 사용합시다). 휴지가 바로 나무라는 것을 눈으로 확인하고 피부로 느낄 수 있는 좋은 아이디어입니다.

휴지 절약을 위한 또 하나의 아이디어. 이번엔 화장실 휴지 디스펜서(*dispenser*)를 세계지도 모양으로 뚫어 놓았습니다(〈그림 6-14-35〉). 뚫린 부분 속으로 녹색의 휴지가 보입니다. 휴지를 빼 쓸 때마다 지구에서 녹색이 점점 빠져나가는 것을 눈으로 확인할 수 있습니다. 카피는 "save paper, save the

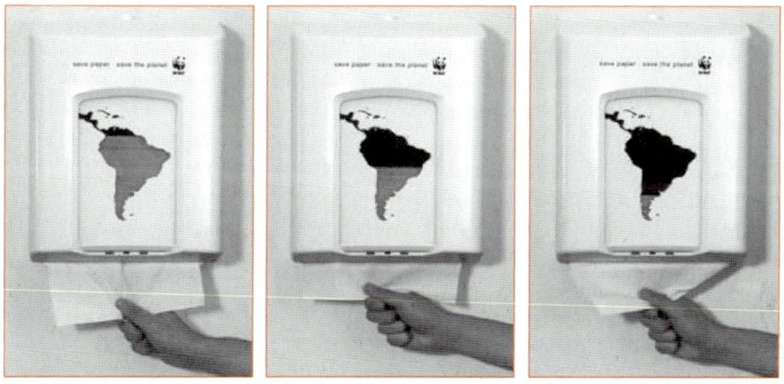

그림 6-14-35 WWF BTL 화장실 티슈 편.
그림 6-14-36 Kilroy travels BTL 얼음 편.

planet"(종이를 아끼세요, 지구를 구하세요). 세계자연보호기금(World Wide Fund for Nature)이 만든 아이디어가 돋보이는 광고입니다.

생활에 쫓기다 보면 늘 우선순위에서 밀리게 되는 것이 바로 여행이지요. 특히 먼 지방의 경우 선뜻 떠나게 되지 않고 자꾸 나중으로 미루게 됩니다. 그러다 그만 때를 놓치게 되는 수도 많죠.

스칸디나비아반도 전문 여행사 킬로이(Kilroy travels)는 사람들에게 남극 여행을 권하기 위해 재미있는 방법을 썼습니다. 도심 한가운데 커다란 얼음 덩어리를 갖다 놓고 거기에 다음과 같은 카피를 붙여 놓았습니다. "Antarctica- Go before it's too late"(남극-늦기 전에 가보세요)(〈그림 6-14-36〉). 얼음이 녹아 없어지는 것을 눈으로 보면 아무래도 마음이 좀 조급해지겠죠.

우리가 즐겨 먹는 감자칩의 봉지에는 늘 이렇게 쓰여 있습니다. "국내산 감자 사용." 그러나 그러한 문구는 별 감흥을 주지 못하죠. 그래서 레이(Lay's) 감자칩은 소비자들이 눈으로 직접 확인할 수 있도록 했습니다. 시카고에 있는 잭슨 터널 천정에 감자를 주렁주렁 매달아 놓은 것입니다(〈그림 6-14-36〉).

그림 6-14-37 Lay's BTL 감자 편.

마치 감자 넝쿨이 터널 천정을 뚫고 들어온 것 같습니다. 물론 연출한 것이죠. 그 아래 와이드칼라에는 이런 카피가 쓰여 있습니다. "Our potatoes are grown closer than you may think"(우리의 감자는 당신이 생각하는 것보다 가까운 곳에서 재배됩니다). 땅속에서 무럭무럭 자라고 있는 감자를 눈으로 확인시켜줌으로써 자국 내 감자를 사용한다는 것을 강조하고 있습니다.

문제를 해결하라

광고는 문제 해결입니다. 소비자들이 당면하고 있는 문제가 무엇인지를 잘 생각해 보면 거기에서 해결책이 나오게 되고 그것을 소비자가 흥미를 느낄 수 있도록 잘 다듬으면 바로 아이디어가 되는 것입니다.

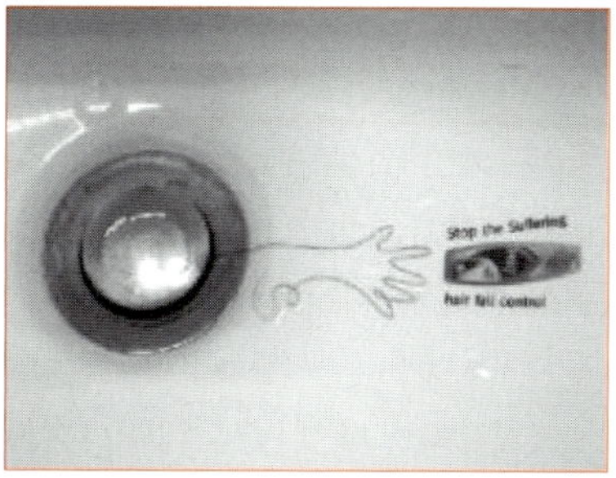

그림 6-14-38 Pert BTL 세면대 편.

머리카락이 얼마 남지 않은 사람들은 어떤 문제를 느끼고 있을까요? 아마도 샴푸할 때마다 한 움큼씩 빠지는 머리카락이 큰 문제일 것입니다. 한 움큼이 아니라 한 올도 가슴 아프겠죠. 탈모방지 샴푸 퍼트(Pert)는 이러한 문제를 지적하고 여기에 대한 해결책으로 퍼트 샴푸를 제시했습니다. 〈그림 6-14-38〉에서 보는 것과 같이 세면대 배수구에 떠내려가지 않으려고 필사적으로 손을 뻗는 머리카락 모양의 철사를 끼워놓았습니다. 그리고 손이 닿을락말락한 곳에 Pert 샴푸 스티커를 붙여놓았습니다. 카피는 “Stop the suffering hair fall control”(탈모 치료의 고통을 멈추세요).

바꿔치기 하라

평소에는 무감각하게 지나쳤던 것도 뭔가 조금 바뀌면 새삼스레 눈이 가게 됩니다. 늘 그 자리에 있던 상점이 어느 날 간판을 새로 달았다든가, 늘 생머리를 하던 여직원이 어느 날 파마머리를 했다든가 하면 다시 한 번 보게 되는 것과 같이 말이죠. 우리가 익히 보던 모습에서 뭔가 하나만 살짝 바꾸어 놓으면 사람들의 관심과 주의를 이끌어 낼 수 있습니다.

그림 6-14-39 남아프리카 항공 BTL 횡단보도 편.
그림 6-14-40 Dumocalcin BTL 교각 편.
그림 6-14-41 Kitkat BTL 벤치 편.
그림 6-14-42 Denver Water BTL 벤치 편.

남아프리카 항공사는 횡단보도의 줄 모양을 살짝 바꿔 놓았습니다. 〈그림 6-14-39〉에서 보는 것과 같이 횡단보도의 직선 줄이 얼룩말 무늬 줄로 바뀌어 있습니다. 얼룩말하면 떠오르는 것이 있죠? 바로 아프리카 초원입니다. 이 광고는 남아프리카 항공사의 아프리카 관광 촉진 광고입니다. 카피는 "It's closer than you think. South Africa"(남아프리카는 생각보다 가깝습니다). 이 횡단보도가 바로 남아프리카로 가는 길이라는 의미겠죠. 그러고 보니 횡단보도가 영어로 'zebra crossing'이기도 하네요. 얼룩말 무늬가 아니었다면 이 횡단보도도 무심코 건넜을 테고, 그랬으면 광고 카피도 읽지 못했을 것입니다.

고가도로의 교각을 바꿔 놓은 광고도 있습니다. 칼슘제 듀모칼신(Dumocalcin)은 교각을 사람의 뼈 모양으로 바꿔 놓았습니다(〈그림 6-14-40〉). 엄

그림 6-14-43 Sharmila BTL 교통표지판 편.

청난 무게의 고가도로를 받치고 있으려면 뼈가 아주 튼튼해야겠죠? 그래서 카피는 "Dumocalcin. The strongest bones in the world"(듀모칼신. 세상에서 가장 튼튼한 뼈). 다들 고가도로 교각을 이렇게 자세히 보긴 처음일 것입니다.

공원의 벤치도 살짝 바뀌었네요. 초콜릿 바 킷캣(Kitkat)은 벤치의 나무판을 초콜릿 바로 바꿔 놓았습니다(〈그림 6-14-41〉). 길쭉한 것이 몇 개 붙어 있다는 점에서 킷캣과 벤치가 비슷하다는 것을 이용한 것이죠. 그리고 또 하나 공통점이 있습니다. 바로 휴식할 때 필요하다는 것! 그래서 카피는 "Have a break, have a Kitkat"(쉬어가세요, 킷캣을 드세요). 산뜻하게 바꿔 놓으니 한 번쯤 앉고 싶죠?

이번엔 벤치가 3분의 2가량이 없네요(〈그림 6-14-42〉). 왜 없앤 것일까요? 이 벤치는 미국 콜로라도 덴버시의 수돗물 공급회사 덴버워터(Denver Water)가 물 절약 캠페인의 일환으로 만든 것입니다. 필요한 만큼만 사용하라는 뜻에서 필요한 만큼만 남기고 나머지 부분은 없앤 것입니다. 카피는 "Use only what you need"(필요한 만큼만 사용합시다). 벤치를 바꾸어 놓지 않았다면 이렇게 뻔한 메시지를 주의 깊게 읽었을까요?

교통 표지판을 바꾸기도 했습니다. 인도의 요가센터 샤밀라(Sharmila)는 요가센터 가는 길 곳곳에 표지판을 세웠습니다(〈그림 6-14-43〉). 자세히 보면 일반 교통 표지판과는 다릅니다. 직진 표지판, 90° 회전 표지판, 굽은 길 표지판, U턴 표지판… 모두 요가를 하고 있는 사람의 모습입니다. 카피는 "Sharmila's yoga zone"(샤밀라 요가구역). 눈에 익숙한 교통 표지판을 살짝 바꿔놓음으로써 다시 한 번 들여다보게 만드는 광고입니다.

이름을 바로 세워라

공자는 "이름이 바로 서지 않으면 말이 순조롭지 못하다. 말이 순조롭지 못하면 일이 이루어지지 못한다"(名不正則言不順 言不順則事不成)라고 말했습니다. 바로 정명(正名), 이름을 바로 세우는 것이 모든 일의 근본임을 말하는 것입니다.

마케팅 커뮤니케이션에서도 이름을 바로 세우는 것이 중요합니다. 예를 들어 디즈니랜드에서는 내부 직원들을 캐스트(*cast*)라고 부릅니다. 그저 시키는 일을 하는 사람이 아니라 전문가로 대접함으로써 질 높은 서비스를 이끌어내기 위해서입니다.

BTL에서는 소비자뿐만 아니라 기업의 내부 직원, 유통 과정의 딜러나 판매원도 고객으로 생각합니다. 이들이 제품에 대해 확신을 갖고 긍지를 가져야 고객에게 적극적으로 제품을 알리고 권할 수 있기 때문입니다.

그들에게 인센티브를 제공하거나 정서적 보상을 하는 것도 중요하겠지만 그들이 스스로에 대한 긍지와 자부심을 가질 수 있도록 이름을 바로 세우는 것도 중요할 것입니다.

한 예로 웅진코웨이에서는 방문 서비스 직원을 '코디'라는 이름으로 부릅니다. 단순히 필터를 갈아주는 서비스 직원이 아니라 제품을 총체적으로 코디네이트하는 전문가로 대접함으로써 일에 대한 긍지를 심어 주고 그를 통해 브랜드 이미지를 좋게 만들기 위해서입니다.

참고문헌

구자룡(2007), 《마케팅 2.0 iWOM》, 동아일보사.

김창원(2000), 《인터넷 마케팅》, 학문사.

나은영(2000), 《인간 커뮤니케이션과 미디어》, 한나래.

서울경제신문(2010), 국내 트위터 가입자 수 200만 명 돌파, 11월 15일자 IT/과학 면.

손형채(2005), "BTL, 마케팅 커뮤니케이션의 새로운 지평을 열다", 제일기획 사보 2005년 1월호, 57쪽.

오정석(2006), "변호의 중심에 서게 된 BTL", *Cheil Communications*, 2006년 12월호.

이서구(2008), 《마케터라면 무조건 알아야 할 마케팅 키워드 55》, 위즈덤하우스.

전자신문(2010), "삼성전자 스마트TV 싸이월드 콘텐츠 제공", 12월 19일자 IT/과학 면.

제일기획(2008), 《디지털 스토리텔링 마케팅》, 2008 디지털 리더스 포럼 발표.

조병량·천현숙 외(2010), 《광고 카피의 이론과 실제》, 나남출판.

조지혜(2003), 《고객의 마음을 사로잡는 DM & 편지-상황에 따라 자유자재로 활용할 수 있는 DM, 편지 사례》, 시대의 창.

황학익(2009), "광고계 동향-광고 시장 2009년 결산 및 2010 전망", http://adman-kim.com

Arter, Cristine(1999), *Children with Visual Impairment in Mainstream Settings*, Fulton.

Belch, George E. & Belch, Michael(2001), *Advertising and Promotion*, The MacGraw Hill Companies, Inc.

Cialdini, Robert B(2001), *Influence: Science and Practice*(*4th ed.*), 이현우 역(2005), 《설득의 심리학》, 21세기북스.

Gabriel, Yiannis & Lang, Tim(2006), *The Unmanageable Consumer*, Sage Publications.

Godin, Seth(2008), *Tribes: We Need You to Lead Us*, NewYork Portfolio.

Higgins, Dennis(2003), *The Art of Writing Advertising*, 이현우 역(2003), 《광고 글쓰기의 아트》, 북코리아.

Kotler, Philip, Kartajaya, Hermawan & Setiawan, Iwan(2010), *Marketing 3.0: From Products to Customers to the Human Spirit by Philip Kotler*, 안진환 역(2010), 《마켓 3.0》, 타임비즈.

Lafley, A. G. & Roberts, Kevin(2005), *Lovemarks-The Future Beyond Brands*, 양준희 역(2005), 《러브마크; 브랜드의 미래》, 서돌.

Lewis, David & Bridger, Darren(2000), *The Soul of the New Consumer*, London: Nicholas Brealey Publishing.

Mannoni, Octave(1981), *Freud*, 고영석 역(1981), 《프로이트》, 행림출판사.

McLuhan, Marshall, *Understanding Media*, 박정규 역(2001), 《미디어의 이해》, 커뮤니케이션북스.

Meenaghan, Tony.(1994), "Point of View: Ambush Marketing: Immoral or Imaginative Practice?", *Journal of Advertising Research*, *34*(5), pp.77~88.

Niles, John D(2010), *Homo Narrans: The Poetics and Anthropology of Oral Literature*, Univ of Pennsylvania Pr.

Patik, Ladislav, Below_the_line Communication Tutorial, www.ogilvy.com.

Prahalad, C. K. & Krishnan, M. S.(2008), *The New Age of Innovation: Driving Co-creative Value through Global Networks*, NY: McGraw-Hill.

Prahalad, C. K. & Ramaswamy, Venkat(2005), *The Fortune at the Bottom of the Pyramid: Eradicating Poverty through Profits*, Wharton School Publishing.

Promo, 2004년 4월호.

Scott M. Davis, Michael Dunn, David A. Aaker(2002), *Building the Brand-Driven Business: Operationalize Your Brand to Drive Profitable Growth*, Jossey-Bass.

Shultz, D., E., *Sales promotion essentials*, 김세민 역(2003), 《세일즈 프로모션 10기법》, 미래사.

______, *Communicating globally: an integrated marketing approach*, 김일철 역(2003), 《글로벌 마케팅 커뮤니케이션》, 북코리아.

The Korea Times(2009), "What Are Important Consumer Trends Out There?", 9월 4일자 Special.

Wilmshurst, John(1993), *Below-The-Line Promotion*, Butterworth-Heinemann.

031) 955-4600 www.nanam.net 나남 nanam

상상력 공장장_임헌우 교수가 들려주는 꿈과 희망,
그리고 상상력에 관한 감동적 메시지

상상력에 엔진을 달아라

임 헌 우(계명대) 지음

당신의 잠재력을 열어줄 캔 오프너!

상상력 공장장 임헌우 교수의 이 책은 기발한 광고 아이디어,
복잡하고 다양한 마케팅의 법칙들을 풍부한 시각자료와 함께 유쾌한 필치로 소개한다.
당신의 생각에, 그리고 열정에 상상력의 터보엔진을 달고 싶은가?

· 크라운판 변형 · 올컬러 · 값 18,000원